LA BIBLIA

¿PODEMOS CONFIAR EN ELLA?

ANDREW MATHIESON

SERIE EDITADA POR MEZ MCCONNELL

LA BIBLIA

¿PODEMOS CONFIAR EN ELLA?

ANDREW MATHIESON

SERIE EDITADA POR MEZ MCCONNELL

ESPAÑOL
NASHVILLE, TN

La Biblia: ¿Podemos confiar en ella?

Copyright © 2021 por Andrew Mathieson

Todos los derechos reservados.
Derechos internacionales registrados.

B&H Publishing Group
Nashville, TN 37234

Diseño de portada: Rubner Durais

Director editorial: Giancarlo Montemayor
Coordinadora de proyectos: Cristina O'Shee

Clasificación Decimal Dewey: 220
Clasifíquese: BIBLIA/CRISTIANIDAD

ISBN: 978-1-0877-4873-3

Impreso en EE. UU.
1 2 3 4 5 * 24 23 22 21

ÍNDICE

Introducción
a la serie

La serie *Primeros pasos* para el discipulado ayudará a capacitar a las personas de un entorno no eclesiástico a dar los primeros pasos para seguir a Jesús. Llamamos a esto el «camino al servicio», ya que creemos que todo cristiano debería ser capacitado para servir a Cristo y a su iglesia sin importar su trasfondo o experiencia.

Si eres líder en una iglesia ejerciendo el ministerio en lugares difíciles, utiliza estos libros como una herramienta para ayudar a que aquellos que no están familiarizados con las enseñanzas de Jesús se conviertan en nuevos discípulos. Estos libros los ayudarán a crecer en carácter, conocimiento y acción.

Si eres nuevo en la fe cristiana y luchas con entender qué significa ser un cristiano, o lo que la Biblia realmente enseña, entonces esta es una guía fácil para dar tus primeros pasos como seguidor de Jesús.

Existen muchas maneras de utilizar estos libros.

- Pueden ser usados por una persona que simplemente lee el contenido y trabaja en las preguntas por sí misma.
- Pueden ser usados en un escenario individual, donde dos personas leen el material antes de reunirse y luego discuten juntos las preguntas.
- Pueden ser usados en un escenario de grupo, donde un líder presenta el material como una conversación, deteniéndose para tener una discusión de grupo durante la misma.

Tu escenario determinará la mejor manera de utilizar este recurso.

GUÍA DEL USUARIO

Mientras trabajas a través de los estudios, encontrarás las siguientes leyendas:

LA HISTORIA DE RENÉ Y PEDRO — Al inicio de cada capítulo encontrarás a René y Pedro, y escucharás algo sobre sus historias y lo que estuvo sucediendo en sus vidas. Queremos que tomes lo que aprendimos de la Biblia y descubras qué diferencia haría en las vidas de René y Pedro. Así que cada vez que veas este símbolo, escucharás algo más sobre las historias de René y Pedro.

ILUSTRACIÓN — A través de ejemplos y escenarios de la vida real, estas secciones nos ayudarán a entender los puntos a desarrollarse.

DETENTE — Cuando lleguemos a un punto importante o difícil, te pediremos que hagas una pausa, y pases un tiempo reflexionando o conversando sobre lo que acabamos de aprender.

LEE 3X — La Biblia es la Palabra de Dios para nosotros y, por lo tanto, es la palabra final para nosotros en todo lo que debemos creer y en la manera en que debemos actuar. Por ello, queremos leer la Biblia primero, y queremos leerla cuidadosamente. Así que, cada vez que veas esta leyenda, debes leer o escuchar el pasaje bíblico tres veces. Si la persona con la que estás leyendo la Biblia se siente cómoda, pídele que lo lea al menos una vez.

VERSÍCULO PARA MEMORIZAR — Al final de cada capítulo sugeriremos un versículo de la Biblia para memorizar. Encontramos que la memorización de la Biblia es realmente efectiva en nuestro contexto. El versículo (o versículos) se relacionará directamente con lo que abordamos en el capítulo.

RESUMEN — Así mismo, al final de cada capítulo incluimos un breve resumen del contenido de ese capítulo. Si estás estudiando el libro con otra persona, puede ser útil que revises esta sección para recordar lo estudiado la semana anterior.

Conoce a
René y Pedro

Conocimos a René hace unos años cuando vino a nuestro culto navideño. «Al fin y al cabo, es lo que se hace el día de Navidad». René es una joya, sal de la tierra. Ella haría lo que fuera por cualquier persona. Lleva casada con Pedro varios años. Tienen cuatro hijos ya adultos y siete nietos. A menudo vemos a sus nietos en los grupos juveniles de la iglesia. René cuida de ellos casi todos los días después de la escuela, durante las vacaciones y los días festivos. Durante los últimos meses, ha estado lidiando con los nietos mayores, que ya son adolescentes. Los chicos siempre han sido traviesos pero hace poco uno de ellos comenzó a maldecir y empujar a su abuela. Fue tan grave que Pedro tuvo que involucrarse y solucionar el asunto. «Pedro estaba tan enfadado, que pensé que los iba a golpear ahí mismo» nos contó René.

Un día, René tuvo un problema repentino de salud y terminó en el hospital. Sufrió un infarto y esto la motivó a evaluar su vida. Por primera vez, René empezó a pensar en la muerte, incluso hablando con directores de funerarias para planear su propio funeral.

René se considera una persona espiritual. Viene de una familia católica. Cuando era niña hizo la primera comunión, y se casó con Pedro en la iglesia católica local. Ella diría que es una cristiana de Pascua y Navidad, es decir, solo asiste a cultos en esas ocasiones.

Casi no vemos a Pedro en la iglesia. A veces, incluso da la impresión de ser algo hostil con los cristianos.

¡Definitivamente no le avergüenza compartir su opinión! Después de mucha oración y perseverancia, Pedro empezó a asistir a los cultos con René y, al final, los dos pusieron su fe en Jesús.

Introducción

«¡Cuentos de hadas!»; «historias inventadas para gente rara»; «un libro prejuicioso de instrucciones»; «irrelevante y pasado de moda»; «impreciso e incomprensible»; «un manual de superación personal»; «un alocado libro de historia»; «poco interesante»; «Palabra de Dios».

Estas son algunas de las respuestas que he escuchado cuando hablo de la Biblia con los jóvenes de Lochee, Escocia. Sus opiniones son bastante interesantes porque la verdad es que ninguno ha leído una Biblia en su vida.

¿Por qué iban a hacerlo?

Es mucho más fácil creer lo que nos dice el mundo a nuestro alrededor sobre la fe cristiana y la Biblia. Añadamos la influencia de la iglesia católica romana y la iglesia liberal nacional y tenemos una receta para la confusión. Cómo puede la gente confiar en la Biblia cuando:

- **son enseñados que la iglesia es la máxima autoridad por encima de la Biblia,**
- **cuando el mismo cura o ministro del pueblo no cree ni confía en la Biblia,**
- **cuando los líderes de la iglesia intentan moldear la Biblia a su conveniencia para adaptarse a la cultura moderna.**

Toda esta confusión significa que las personas tienen algunas preguntas sobre la Palabra de Dios.

¿Podemos realmente confiar en la Biblia?

¿De dónde viene?

¿Cómo se escribió?

¿Quién decidió qué incluir y qué dejar fuera?

¿Qué significa que la Biblia es «inspirada»?

¿Es 100% verdad lo que dice?

¿Qué quieren decir las palabras Antiguo y Nuevo Testamento?

¿La ciencia no ha refutado lo que dice la Biblia?

«¿Cómo que todo se relaciona con Jesús? Eso no tiene ningún sentido», decía René. Aunque se considera cristiana, aún lucha para entender la Biblia. «Conozco algunas partes. Están los Diez Mandamientos. Supongo que tenemos que obedecerlos, pero aparte de eso, ¿qué de bueno trae a mi vida?».

René no es la única que lucha con preguntas como estas. Este libro fue diseñado para contestar preguntas como estas, para que personas en necesidad **puedan confiar en lo que dice la Biblia.**

Pueden confiar al 100 % en el evangelio que nos revela.
Por medio de la Biblia, pueden llegar a conocer, amar y servir al Rey Jesús.

La carta de 2 Timoteo fue escrita por el apóstol Pablo desde una cárcel. Estaba a punto de ser ejecutado por su fe, y por eso escribe esta carta a uno de sus jóvenes aprendices, Timoteo, para aconsejarle cómo guiar a la iglesia en una ciudad llamada Éfeso. Esta iglesia estaba en problemas. La gente estaba espiritualmente confundida. Tenían a nuevos cristianos, como René y Pedro, que no sabían casi nada de la Biblia. Entonces, Pablo le recuerda a este joven pastor lo que es la Biblia, lo que hace y cómo lo hace.

«Pero persiste tú en lo que has aprendido y te persuadiste, sabiendo de quién has aprendido; y que desde la niñez has sabido las Sagradas Escrituras, las cuales te pueden hacer sabio para la salvación por la fe que es en Cristo Jesús. Toda la Escritura es inspirada por Dios, y útil para enseñar, para redargüir, para corregir, para instruir en justicia, a fin de que el hombre de Dios sea perfecto, enteramente preparado para toda buena obra» (2 Tim. 3:14-17).

La Biblia es la Palabra de Dios

Pablo nos dice en estos versículos que la Biblia nos hace:

> *sabios para la salvación,*
> *por la fe que es en Cristo Jesús.*
> *Toda la Escritura es inspirada por Dios.*

Pablo nos dice que todo lo que contiene **es útil** para nosotros porque:

> *nos enseña,*
> *nos redarguye,*
> *nos corrige,*
> *nos instruye en justicia.*

Eso significa que la Biblia es muy importante en la vida del cristiano. *Tanto que Pablo nos dice:*

«a fin de que el hombre de Dios sea perfecto, enteramente preparado para toda buena obra» (2 Tim. 3:17).

¿CUÁL ES EL PUNTO?

Dios escribió la Biblia para salvar pecadores.

CAPÍTULO I

¿De dónde viene la Biblia?

Parte I (Orígenes)

> **DETENTE**
>
> *Pregunta: ¿De dónde crees que viene la Biblia?*

Seguro tienes muchas preguntas sobre la Biblia, y si vas a creer y confiar en lo que dice, estas preguntas deben ser contestadas. Pero antes de hablar de dónde viene la Biblia, tenemos que preguntarnos:

«¿Por qué existe la Biblia?».

Concluimos la introducción diciendo que la Biblia es la Palabra de Dios, útil para hacernos sabios para la salvación por medio de la fe en Jesucristo. A su vez, nos hace útiles para servir a Jesús con nuestras vidas. Pasemos un tiempo meditando en esto.

En primer lugar, **toda la Biblia es Palabra de Dios.** La primera línea de la Biblia nos introduce al personaje principal, héroe y autor del libro.

«En el principio creó Dios los cielos y la tierra» (Gén. 1:1).

Este versículo nos da información de suma importancia. Nos dice que **Dios es** el **creador,** el **soberano** y el **dueño** de *todo.* Si continuamos leyendo ese primer capítulo de la Biblia, notaremos algo más sobre Dios.

DETENTE

Pregunta: Lee Génesis capítulo 1. ¿Cuáles son las primeras dos palabras que vemos al principio de cada versículo? (Cuando algo se repite en la Biblia significa que es importante).

Dios habló. La frase «Y dijo Dios» se repite más de diez veces a lo largo del primer capítulo de Génesis. **Dios es comunicador.** *Él creó el universo y todo lo que contiene simplemente con su voz.*

Es importante entender esto, ya que es la naturaleza de Dios, y su deseo de comunicarse con nosotros, como cenit de su creación, lo que explica el origen de la Biblia.

Ⓐ **ILUSTRACIÓN**

Cuando Pedro era niño, su padre trabajaba en un astillero en el río Clyde y, de vez en cuando, lo llevaba a ver cómo lanzaban los nuevos buques de guerra desde el dique al río. Recordaba de niño estar asombrado por estas masivas fragatas y preguntarse cómo llegaron a existir. ¿Qué se necesitaba para diseñar uno? ¿Cómo fueron construidos? Molestaba a su padre con estas preguntas toda la mañana. Aun de niño, Pedro sabía que una maravilla de la ingeniería como la fragata *Royal Navy* no aparecía de la nada, sino que alguien tuvo que diseñarla, construirla y que, en el caso de una fragata, había mucha gente involucrada en ese proceso. Solo con mirarlo, Pedro aprendió mucho sobre los constructores del barco: eran inteligentes, creativos y talentosos.

Lo mismo es cierto sobre el universo que Dios creó. Nos da mucha información sobre Dios. El tamaño y detalle que tiene el universo nos muestra que **Dios es grande, inteligente, poderoso, sabio y talentoso.** La belleza y diversidad del universo nos enseña que **Dios es creativo, artístico, hermoso y glorioso.**

«Los cielos cuentan la gloria de Dios, Y el firmamento anuncia la obra de sus manos. Un día emite palabra a otro día, Y una noche a otra noche declara sabiduría» (Sal. 19:1-2).

El universo no deja de proclamar la gloria de Dios. Si observamos la raza humana, aprendemos aún más sobre él. Observamos la *inteligencia, moralidad, consciencia y emociones en los humanos,* y aprendemos que Dios es

> bueno,
>   justo,
>   racional,
>   sin mancha,
>   relacional,
> amor.

Cuando juntamos todas estas características visibles en la creación, nos damos cuenta que Dios es el creador, todopoderoso y soberano sobre todas cosas, bueno, justo y sin mancha, y nosotros, como sus criaturas, le debemos nuestra fidelidad.

«... porque lo que de Dios se conoce les es manifiesto, pues Dios se lo manifestó. Porque las cosas invisibles de él, su eterno poder y deidad, se hacen claramente visibles desde la creación del mundo, siendo entendidas por medio de las cosas hechas, de modo que no tienen excusa» (Rom. 1:19-20).

DETENTE

Pregunta: ¿Qué crees que nos dice el hecho de que Dios creó al mundo y la raza humana?

Si la creación nos dice que fuimos creados por un Dios todopoderoso, bueno y justo, y que le debemos nuestra fidelidad,

¿por qué lo ignoramos, fingiendo que no existe y que podemos vivir la vida como nos plazca?

RENÉ

A René le molestan estas preguntas, «¿Qué quieres decir con que nosotros no creemos en Dios? ¡Eso no es cierto! Creemos en Dios. Somos buenas personas. Pedro ha trabajado toda su vida. ¡Yo he criado a mis hijos y quiero mucho a mis nietos! Voy a la iglesia, oro, incluso he participado en la Santa Cena! Esto es demasiado para mí. ¿No crees que estás exagerando con esto de la Biblia?»

DETENTE

Pregunta: ¿Qué piensas tú?

REVELACIÓN GENERAL

Los maestros de la Biblia nombraron de «revelación general» a la información que la naturaleza nos presenta de Dios. Esta información está al alcance de todo ser humano en la tierra. Por esta razón podemos decir que toda persona, de donde sea que provenga, es culpable ante Dios.

Todos sabemos que él existe.
Todos sabemos que le debemos todo.
Todos sabemos que debemos obedecerlo.
Todos sabemos que vendrá el juicio.
Pero a nadie le importa.

DETENTE

Pregunta: ¿Habiendo entendido estos puntos, puedes ver por qué existe la Biblia? Explica tu respuesta.

REVELACIÓN ESPECIAL

La Biblia existe porque estamos en grave peligro y necesitamos ser salvados. **La Biblia** es la **revelación bondadosa** y **afable de Dios** como el *amoroso salvador de los pecadores, por medio de Jesucristo.* Maestros de la Biblia llaman a esto «revelación especial». La naturaleza nos provee la información que necesitamos para saber que estamos en peligro, pero si queremos ser salvos, tenemos que saber más de lo que nos puede enseñar la creación.

ILUSTRACIÓN

«¿Abuelo, podemos ir a pescar al antiguo refugio este fin de semana?»

Antes de que René tuviera oportunidad de responder, Pedro se involucra en la conversación. «Ah, ¿te acuerdas esa vez que nos perdimos camino al refugio? Estábamos en la antigua carretera de camino al Lago Fyne. ¿Te acuerdas? era noche, muy oscuro, sombrío y te quejabas del frío. Aún llevando el mapa, no lográbamos encontrar el sitio. Fue por pura suerte que encontrarnos el lugar al final. Nunca había estado tan feliz de ver ese sitio en mi vida, especialmente cuando estábamos junto a la fogata preparando el té un poco después».

«Pero abuelo, eso fue hace mucho tiempo, y desde entonces hemos estado varias veces. Además, tenemos Google maps en el celular».

Pedro se rió desde el rincón donde estaba, «¿En serio crees que tu celular nos servirá de algo ahí? Estás en problemas si dependes de él para llegar al refugio. ¿Qué tal funcionará tu teléfono cuando aumente la fuerza del viento, empiece a llover a cántaros y estés perdido, con frío y sin señal telefónica? Acabarás perdido, solo y a oscuras».

En cierto sentido, todos somos así. Vivimos nuestras vidas solos y a oscuras, agobiados por fuerzas que están fuera de nuestro control y entendimiento, con una vaga idea de dónde nos gustaría llegar, pero sin entender cómo encontrar la salvación. Mientras tanto, no tenemos idea del peligro en el que nos encontramos.

Este es el lugar espiritual en el que se encuentra cada ser humano; a menos que Dios nos diga cómo ser salvos de ese peligro.

«Lámpara es a mis pies tu palabra, Y lumbrera a mi camino» (Sal. 119:105).

La Biblia es una lámpara en la oscuridad para quienes están perdidos. La Biblia existe gracias a un Dios bondadoso, afable, amoroso y compasivo; y *él quiere que las personas que creó se arrepientan y sean salvas del pecado y el juicio.*

DETENTE

Pregunta: ¿Crees que Dios se agrada al ver que gente perversa muere?

«¿Quiero yo la muerte del impío? dice Jehová el Señor. ¿No vivirá, si se apartare de sus caminos?» (Ezeq. 18:23).

La Biblia es Dios misericordiosamente comunicándonos nuestra necesidad de ser salvos, al ser pecadores. Un pastor en Estados Unidos, Kevin DeYoung escribe lo siguiente:

Dios habla, y cuando habla no lo hace para ser solamente escuchado ni para simplemente pasar información. Dios habla para que empecemos a comprender lo incomprensible. Quizás pienses que lo has visto todo, que has oído todo y has vivido todo lo que hay para vivir. Pero no has visto ni oído ni

imaginado lo que el amor de Dios ha preparado para
aquellos a quien ama. Estas son las buenas nuevas de
la cruz, buenas nuevas para los perdonados y redimi-
dos. Y estas buenas nuevas no se pueden encontrar
en ningún sitio fuera de la Palabra de Dios.

La Biblia es la Palabra de Dios para el hombre.
Su bondadosa y misericordiosa revelación de él mismo.
Contiene la historia de la salvación.
Nos revela que **la única forma de ser salvos es**
por medio de la fe en Jesucristo.

> **DETENTE**
>
> *Pregunta: La Biblia es la Palabra de Dios ¿pero quién*
> *lo puso todo en papel?*

En realidad, la Biblia es una biblioteca portátil. Es
una colección de 66 libros, escritos durante el transcurso
de 1500 años por 40 hombres en 3 idiomas: hebreo, un
poco de arameo, y griego.

La Biblia comienza con la historia de la creación y
nuestra rebelión contra Dios en los primeros tres capítulos del libro de Génesis. A partir de ahí, comienza a
desarrollarse la historia de la salvación en Jesús.

La Biblia se divide generalmente en dos partes:

El Antiguo Testamento consiste en 39 libros escritos
por los profetas, hombres como Moises, Josué, David,
Daniel y Amós. Estos hombres tenían distintos antece-
dentes y experiencias, pero cada uno fue instruido por
Dios para escribir su Palabra. Estos hombres cuentan la
historia del pueblo de Israel, un pueblo elegido por Dios
para bendecir al mundo y traer salvación a su pueblo.

La segunda parte de la Biblia, **el Nuevo Testamento**,
consiste de 27 libros escritos por un grupo de personas
igualmente distintas, los apóstoles (testigos de la vida de
Jesús) y sus compañeros cercanos, hombres como Mateo,

Juan, Lucas, Pedro y Pablo. Estos hombres narran la historia del nacimiento, vida, ministerio, muerte y resurrección de Jesús de Nazaret, Rey y Salvador, cumpliendo la promesa de Dios, bendiciendo al mundo por medio del pueblo de Israel.

En su segunda carta, el apóstol Pedro nos dice cómo es que estos 67 libros llegaron a ser lo que nos escribe el capítulo 1:20-21.

«... entendiendo primero esto, que ninguna profecía de la Escritura es de interpretación privada, porque nunca la profecía fue traída por voluntad humana, sino que los santos hombres de Dios hablaron siendo inspirados por el Espíritu Santo» (2 Ped. 1:20-21).

En estos versículos, Pedro nos escribe que la Biblia es tanto la Palabra de Dios, como la palabra de hombres. Nos dice que no es una colección aleatoria de cosas sin sentido, sino que los hombres escribieron lo que Dios les dijo, y que fueron inspirados por el Espíritu Santo.

DETENTE

Preguntas: ¿Entonces se podría decir que estos hombres eran como robots, escribiendo exactamente lo que Dios les decía que escribieran? ¿Qué crees que significa «hablaron siendo inspirados por el Espíritu Santo»?

Toda la Escritura es inspirada por Dios, y útil para enseñar, para redargüir, para corregir, para instruir en justicia, a fin de que el hombre de Dios sea perfecto, enteramente preparado para toda buena obra *(2 Tim. 3:16-17)*.

Estos versículos nos dicen que cada palabra de la Biblia, aunque fueron escritas por 40 personas distintas, están inspirada por Dios. *Por lo tanto, sabemos que podemos confiar en ella, pero también que debemos obedecerla.* Estudiaremos lo que significa esta inspiración con más detalle en el capítulo 3.

Aunque la Biblia tuvo muchos autores y estilos de escritura, nos revela claramente todo lo que necesitamos saber sobre Dios, y todo lo que necesitamos saber para ser salvos de nuestros pecados y vivir vidas piadosas.

Aunque contenga muchos conceptos difíciles de entender y verdades complejas, su mensaje central es que:

> **Dios es el buen Creador y Juez del universo.**
>> **Todos los seres humanos son pecadores por naturaleza y elección.**
>>> **Todos nos hemos rebelado contra Dios.**
>>>> **Todos merecemos su ira justa derramada sobre nosotros en el infierno, eternamente.**

Pero afortunadamente no termina con eso. También nos enseña que:

> **Dios, en su infinito amor y bondad, envió a su Hijo Jesús al mundo**
>> **para vivir la vida que no hubiéramos podido vivir,**
>>> **la vida perfecta que Dios requiere de nosotros,**
>>> **para sufrir la muerte que nosotros nos merecemos,**
>>>> **tomando sobre él mismo el pecado de su pueblo y el castigo que nos merecemos.**
> **Y que Jesús fue resucitado para que nosotros tuviéramos vida**
>> **y salvación del pecado y juicio que viene del arrepentimiento y fe en él.**

Este mensaje central está claro; cada página de la Biblia lo deja claro, tan claro que un niño lo puede entender.

La Biblia solo podría venir de un Dios cuyo deseo es revelarse a sí mismo y salvar a pecadores arruinados.

Es su Palabra inspirada, escrita durante 1500 años por una variedad de hombres, que nos revela todo lo que necesitamos saber sobre Dios y la salvación por medio de la fe en Jesucristo.

RESUMEN

La Biblia es la Palabra de Dios, escrita por más de 40 autores que Dios inspiró por medio del Espíritu Santo. Es útil para hacernos salvos para salvación, por medio de la fe en Jesucristo, que hará nuestras vidas útiles para servir a Jesús.

VERSÍCULO PARA MEMORIZAR

«Los cielos cuentan la gloria de Dios, Y el firmamento anuncia la obra de sus manos. Un día emite palabra a otro día, Y una noche a otra noche declara sabiduría» (Sal. 19:1-2).

¿CUÁL ES EL PUNTO?

La Biblia es la Palabra de Dios completa.

CAPÍTULO 2

¿De dónde viene la Biblia?

Parte II (Canon)

René estaba preparando la cena mientras Pedro leía el periódico sobre la mesa de la cocina. «Tendremos que cenar más temprano cariño. Voy a la iglesia para el estudio bíblico».

Pedro alzó la mirada. «No hagas mucho caso de lo que dicen. Esta semana vi un documental de historia y decía que la Biblia estaba llena de mitos y leyendas, amontonando piezas de otras religiones y creencias de la gente de esos tiempos. Como si hubieran escogido lo que más les gustaba de cada religión para formar una nueva. Te lo digo René, es pura fantasía».

DETENTE

Preguntas: ¿Y tú que piensas? ¿De dónde crees que viene la Biblia?

No nos debe sorprender la confusión de Pedro. Ha visto un documental cuyo presentador dice que los sesenta y seis libros de la Biblia fueron ensambladas por un consejo secreto con un objetivo secreto en el siglo IV. De hecho, este programa también dice que hay otros libros que cuentan otra historia, y que la iglesia lo está ocultando.

El «canon de las Escrituras», otro nombre dado a los 67 libros de la Biblia, proviene de una palabra griega que significa «vara de medir». Esta vara de medir se usaba para medir si algo cumplía con los estándares, si algo se consideraba «canon», era otra forma de decir que era verdadero y original.

DETENTE

Preguntas: ¿Lo entiendes? Sí, es una palabra peculiar, pero quiere decir que algo es legítimo y real. ¿Y qué lo hace legítimo? ¿Por qué deberíamos considerarlo verdadero? ¿Cuáles serán las razones por las cuales estos sesenta y seis libros de la Biblia se consideran legítimos?

Se cometen dos errores muy comunes al hablar del canon. El primero, es que asumimos que alrededor del año 96 d. C., cuando el apóstol Juan escribió el Libro de Apocalipsis en la Isla de Patmos, los sesenta y seis libros de la Biblia de pronto cayeron del cielo y fueron repartidos a la iglesia, como cuando colocamos Biblias en los bancos antes de un culto.

El segundo error que se comete, es asumir que hasta el siglo IV, unos ancianos decidieron extraer ciertos libros del canon según su propio criterio o gusto.

DETENTE

Pregunta: ¿Por qué crees que es importante que conozcamos cómo fue que se integró la Biblia?

ILUSTRACIÓN

A René le gustan los rompecabezas, de preferencia los de 2500 piezas y con una foto de un gato. Los compra a montones y va a tiendas de segunda mano para ver si encuentra alguno usado. Honestamente, Pedro está harto de ellos y le ha prohibido enmarcarlos y ponerlos por la casa. «¡Solo hasta cierto punto puede un hombre aguantar tanto gatito en una casa!»

En una ocasión, René se aventuró e hizo tres rompecabezas a la vez, uno de un paisaje rural, otro del London Eye y el tercero de un delfín. Un día, mientras René armaba sus rompecabezas sobre la mesa del comedor, los niños empezaron a pelear hasta que alguien le dio un golpe a la mesa, esparciendo todas las piezas por el suelo y causando un desorden de piezas por el suelo. Al darse cuenta de lo que habían hecho, empezaron a recoger todas las piezas, colocándolas en el centro de la mesa. ¿Por dónde empieza René ahora? ¿Cómo iba a separar las piezas en sus cajas correspondientes? Pedro, que siempre tenía algo para decir, dijo «Yo intentaría dos cosas: primero, ver si los bordes cuadran bien y revisar si la foto se completa y tiene sentido. Segundo pregúntate: "¿Cuadra todo bien y forma una foto coherente?"».

DETENTE

Pregunta: ¿Cómo nos ayuda esta ilustración de los rompecabezas a entender cómo el canon de la Biblia debió ser ensamblado?

El mismo Espíritu Santo que inspiró la Escritura está presente y lleva a cabo su obra como hizo por siglos, dando sabiduría y discernimiento para separar la verdad de la mentira. Esto nos ayudará a reconocer el verdadero canon de la Escritura. También debemos recordar que Dios es el Señor de la historia y soberano sobre todas las cosas.

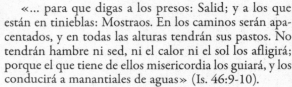

«... para que digas a los presos: Salid; y a los que están en tinieblas: Mostraos. En los caminos serán apacentados, y en todas las alturas tendrán sus pastos. No tendrán hambre ni sed, ni el calor ni el sol los afligirá; porque el que tiene de ellos misericordia los guiará, y los conducirá a manantiales de aguas» (Is. 46:9-10).

Los hombres solos no reconocieron el canon, sino que Dios lo hizo por medio de su pueblo.

¿Cómo lo hizo? Lo estudiaremos en dos partes, primero el **Antiguo Testamento** y luego el **Nuevo Testamento**.

CANON DEL ANTIGUO TESTAMENTO

DETENTE

Pregunta: ¿Sabes cuales son los primeros cinco libros de la Biblia?

Los primeros cinco libros son:
1. **Génesis,**
2. **Éxodo,**
3. **Levítico,**
4. **Números**
5. **Deuteronomio.**

Fueron escritos por un hombre llamado Moisés, el ser humano más importante del Antiguo Testamento. Sus escritos son el fundamento de la Escritura. Estos cinco libros son conocidos como la Torá, o la Ley, dada directamente por Dios a Moisés sobre el monte Horeb en el desierto de Sinaí después de que Dios rescató a su pueblo Israel de la esclavitud en Egipto.

DETENTE

¡Fascinante! Dios mismo le dio la ley a Moisés. ¿Qué crees que pensaba Moisés en ese momento?

Estos cinco libros detallan:

**la historia del mundo (empezando por la creación),
la caída del hombre,
el comienzo de la redención,
el llamado de Abraham,
el nacimiento de la nación de Israel,
su llegada a Egipto,
su liberación de esclavitud,
Dios entregando su ley en el monte Horeb,
la construcción del tabernáculo,
la institución del sacerdocio levítico
y el trayecto a la Tierra Prometida.**

La Torá está compuesta por seiscientos trece mandamientos entregados por Dios a su pueblo, que describen
las promesas de vida y bendición si el pueblo mostraba
obediencia y **fidelidad al pacto**. Y el juicio, maldición
y muerte en caso de **desobediencia** e **infidelidad al
pacto.**

«Por tanto, guardaréis mis estatutos y mis ordenanzas, los cuales haciendo el hombre, vivirá en ellos. Yo
Jehová» (Lev. 18:5).

La Torá es de suma importancia, ya que es usada
como referencia en el resto de la Biblia.

DETENTE

*Toma un momento para meditar sobre lo que sucede.
¿Por qué los autores de la Biblia hacen referencia frecuentemente a la Torá?*

Esta práctica de reflexión y referencia se llama *autoreflexión* y es una forma de reconocer las verdaderas
Escrituras.

¿Recuerdas la ilustración del rompecabezas de René?
¿Cuadra bien y forma una foto coherente? De la misma

manera, las Escrituras están conectadas para, en su conjunto, formar una foto completa.

«Solamente esfuérzate y sé muy valiente, para cuidar de hacer conforme a toda la ley que mi siervo Moisés te mandó; no te apartes de ella ni a diestra ni a siniestra, para que seas prosperado en todas las cosas que emprendas. Nunca se apartará de tu boca este libro de la ley, sino que de día y de noche meditarás en él, para que guardes y hagas conforme a todo lo que en él está escrito; porque entonces harás prosperar tu camino, y todo te saldrá bien. Mira que te mando que te esfuerces y seas valiente; no temas ni desmayes, porque Jehová tu Dios estará contigo en dondequiera que vayas» (Jos. 1:7-9).

Este patrón continúa a lo largo del Antiguo Testamento. Se desarrolla en el fundamento de la Torá, haciendo referencia y mostrando las promesas descritas ella. Al llegar los profetas, vemos cómo predicaban la ley, llamando al pueblo de Dios a que se arrepintieran y volvieran a su Señor, obedeciendo sus mandamientos.

Los consecuencias de rechazar la ley eran claras.

«Por tanto, como la lengua del fuego consume el rastrojo, y la llama devora la paja, así será su raíz como podredumbre, y su flor se desvanecerá como polvo; porque desecharon la ley de Jehová de los ejércitos, y abominaron la palabra del Santo de Israel» (Is. 5:24).

Los autores de los libros de poesía y sabiduría también hacen referencia a la Torá, mostrando cómo vivir una vida en obediencia a la Palabra de Dios, así como las consecuencias del pecado.

Aquí hay dos ejemplos:

«La ley de Jehová es perfecta, que convierte el alma; El testimonio de Jehová es fiel, que hace sabio al sencillo» (Sal. 19:7).

«Los que dejan la ley alaban a los impíos; Mas los que la guardan contenderán con ellos» (Pr. 28:4).

CANON DEL NUEVO TESTAMENTO

A medida que leemos el Nuevo Testamento, observamos que hace referencia y reflexiona sobre el Antiguo Testamento. Incluso, el Nuevo Testamento comienza con la genealogía de Jesús a través de los siglos, mencionando historias del Antiguo Testamento. Por ejemplo, leemos en Mateo 12:17 lo siguiente: «para que se cumpliese lo dicho por el profeta Isaías, cuando dijo: He aquí mi siervo, a quien he escogido; Mi Amado, en quien se agrada mi alma; Pondré mi Espíritu sobre él, Y a los gentiles anunciará juicio».

«Y comenzó a decirles: Hoy se ha cumplido esta Escritura delante de vosotros» (Lc. 4:21).

Después de su muerte y resurrección, Jesús se reunió con sus discípulos y les dio lo que probablemente es el mejor estudio de la Biblia en la historia, en el cual hace referencia al Antiguo Testamento.

«Y les dijo: Estas son las palabras que os hablé, estando aún con vosotros: que era necesario que se cumpliese todo lo que está escrito de mí en la ley de Moisés, en los profetas y en los salmos. Entonces les abrió el entendimiento, para que comprendiesen las Escrituras» (Lc. 24:44-45).

La frase, «la ley de Moisés, en los profetas y en los salmos», se refiere a la tres partes que conforman la Biblia hebrea en el Antiguo Testamento. De nuevo, observamos la reflexión y referencia del Antiguo Testamento en el Nuevo Testamento y vemos cómo los apóstoles explican que Jesús es el Mesías y buscan instruir a la Iglesia en su forma de vivir sabiamente.

¿Pero y el Nuevo Testamento? ¿De dónde viene? ¿Quién o qué decidió que libros deberían estar en el Nuevo Testamento y cuales deberían ser excluidos? Al igual que en el Antiguo Testamento, la autoreflexión es clave para entender este proceso.

En la primera carta a los Corintios (53-54 a.C.) Pablo hace referencia a la Cena del Señor narrada en los Evangelios. Al final de 2 Pedro 3 el apóstol Pedro se refiere a las cartas de Pablo, las cuales, aunque difíciles de comprender, no deben ser ignoradas por la Iglesia ya que forman parte de las Escrituras.

La iglesia desarrolló cuatro requisitos para decidir si un libro debía ser considerado parte del canon de las Escrituras. Llamémoslos las cuatro «A»:

ANTIGUO
¿Es el libro del tiempo que corresponde?

APOSTÓLICO
¿Fue escrito por uno de los apóstoles o uno de los compañeros de los apóstoles?

ARMONÍA
¿Está la doctrina en armonía con el resto de la Escritura?

ACEPTADO
¿Es el libro aceptado como parte de las Escrituras por la Iglesia universal?

Repasemos un ejemplo de algunas escrituras que no son aceptadas como parte del canon del Nuevo Testamento. El «**Evangelio de Tomás**» dice lo siguiente: «Jesús dijo: Lo que traes de dentro de ti mismo, eso es lo que te salvará. Lo que no tienes dentro de ti mismo, eso mismo te matará».

Ahora compara eso con las enseñanzas en dos libros aceptados como parte del Nuevo Testamento:

«Pero lo que sale de la boca, del corazón sale; y esto contamina al hombre. Porque del corazón salen los malos pensamientos, los homicidios, los adulterios, las fornicaciones, los hurtos, los falsos testimonios, las blasfemias» *(Mat. 15:18-19).*

«Por cuanto los designios de la carne son enemistad contra Dios; porque no se sujetan a la ley de Dios, ni tampoco pueden; y los que viven según la carne no pueden agradar a Dios» (Ro. 8:7-8).

Este llamado «Evangelio de Tomás» enseña que podemos salvarnos a nosotros mismos desde nuestro interior, mientras que las verdaderas Escrituras nos enseñan que somos completamente incapaces de salvarnos a nosotros mismos y que todo lo que proviene de nuestro interior es malo. Es claro por qué el Evangelio de Tomás no fue incluido en el canon de las Escrituras. El aceite y el agua no se mezclan. Las piezas del rompecabezas no encajan y el rompecabezas deja de tener sentido. Lo mismo se puede decir del «Evangelio de María» o el «Evangelio de Judas» y cualquier otra escritura espiritual que surgió durante los siglos II y IV.

Para el año 367 d.C. encontramos la primera lista de los veintisiete libros del Nuevo Testamento. En el año 397 d.C. en el Sínodo de Cartago, una reunión de figuras importantes de la Iglesia, formalmente se reconocieron los sesenta y seis libros de nuestra Biblia, la que ahora consideramos terminada y completa.

RESUMEN

No creas todo lo que lees en Internet. No hay ninguna conspiración ni objetivo, ocultos detrás del canon de las Escrituras. Los libros incluidos en la Biblia fueron reconocidos porque son legítimos. Los que fueron rechazados, no fueron reconocidos por que la información sobre el autor era errónea, las fechas no concordaban o principalmente, porque mentían sobre Jesús. Podemos confiar 100% que la Biblia que tenemos en nuestras manos es la Palabra de Dios revelada a la humanidad.

VERSÍCULO PARA MEMORIZAR

«Toda la Escritura es inspirada por Dios, y útil para enseñar, para redargüir, para corregir, para instruir en justicia, a fin de que el hombre de Dios sea perfecto, enteramente preparado para toda buena obra» (2 Tim. 3:16-17).

¿CUÁL ES EL PUNTO?

Cada palabra en la Biblia viene de DIOS.

CAPÍTULO 3

¿Cómo sabemos que podemos confiar en la Biblia?

Parte I (Inspiración)

Hasta ahora, lo que hemos analizado es de dónde viene la Biblia, además de cómo y por qué reconocemos los 66 libros como parte del canon de la Escritura. Decimos que la Biblia es la Palabra de Dios inspirada, compuesta por estos libros, escrita por 40 hombres durante 1500 años para revelarnos todo lo que debíamos saber de Dios y la salvación del pecado que viene por la fe en Jesucristo.

¿Pero qué exactamente queremos decir cuando decimos que la Escrituras es inspirada por Dios y por qué es esto importante?

DETENTE

Pregunta: ¿Qué crees que significa que la Escritura es inspirada por Dios?

🔑 «Toda la Escritura es inspirada por Dios, y útil para enseñar, para redargüir, para corregir, para instruir en justicia, a fin de que el hombre de Dios sea perfecto, enteramente preparado para toda buena obra» (2 Tim. 3:16-17).

Te pediré que hagas algo que nos ayudará comprender lo que el apóstol Pablo quiere decir cuando dice que «Toda la Escritura es inspirada por Dios».

Pon tu mano a unos centímetros de tu boca y habla como normalmente lo harías. No importa lo que digas, mientras sientas tu aliento en tu mano al hablar. No importa el volumen. Gritemos o susurremos, todo sale de nuestra boca con el poder de nuestro aliento. Ahora, intenta hablar sin sacar aire. ¡Es imposible!

Cuando Pablo dice que la Biblia es inspirada, usa la palabra griega

«**Theopneustos**».

Esta palabra significa «respirada por Dios». Algunas versiones de la Biblia traducen el versículo como «Toda la Escritura es respirada por Dios». Pablo quiere que entendamos que el Espíritu Santo empoderó cada palabra escrita por los autores bíblicos de la misma manera que nuestro aliento empodera nuestro hablar.

DETENTE

Pregunta: ¿Por qué crees que es importante que las Escrituras hayan sido inspiradas por Dios?

Es importante entender esto, ya que cuando esuchamos la palabra *«inspirado»* hoy en día, suele tener un significado bastante ambiguo.

🅐 **ILUSTRACIÓN**

René es una fanática del programa «Great British Bake Off» y lo ve todas las semanas. Esta semana trataba de hornear pasteles para eventos especiales y uno de los concursantes hizo un impresionante pastel de princesa. Esta creación estaba compuesta por tres niveles, cada nivel cubierto de betún de distintos colores, espolvoreado con hojas de oro y escarcha, con una hada de betún en la cima del pastel. «¡Oh, que bonito! A mi nieta Margarita le encantaría ese pastel para su cumpleaños la próxima semana». René nunca había hecho algo tan aventurado, pero inspirada por lo que había visto en la televisión, empezó a elaborar su pastel. Cinco ahora más tarde, mientras observaba la cocina que la rodeaba, ¡su creación no parecía un pastel sino una montaña aplastada de escarcha con una gárgola alada montada encima! René se había inspirado viendo el programa de television pero acabó con un desastre en la cocina.

Usamos la palabra «inspirada» de forma ligera cuando hablamos de música, una charla de un entrenador de futbol en el medio tiempo, o al ver un niño enfermo corriendo en el maratón de Londres. En todos estos ejemplos, podríamos intercambiar la palabra «inspirado» por «motivado» y no perder el significado de lo que queremos decir, pero esto no es el caso en 2 Timoteo 3:16. El Espíritu Santo no motivó a los autores de las Escrituras. *El Espíritu Santo inspiró cada palabra de Dios por medio de ellos.*

«... entendiendo primero esto, que ninguna profecía de la Escritura es de interpretación privada, porque nunca la profecía fue traída por voluntad humana, sino que los santos hombres de Dios hablaron siendo inspirados por el Espíritu Santo» (2 Ped. 1:20-21).

DETENTE

Pregunta: Ya hemos meditado en esto, ¿pero qué crees quiere decir «hablaron siendo inspirados por el Espíritu Santo»?

En 2 Pedro 1, el apóstol Pedro nos explica la inspiración de las Escrituras enseñando que ninguna Escritura veraz es escrita por voluntad del autor, *sino que los santos hombres de Dios hablaron siendo inspirados por el Espíritu Santo*. Imagínate un yate llevado por el viento sobre un lago, tendrás una idea de lo que Pedro quería decir. El Espíritu Santo guió a los autores de la Biblia como el viento dirige un yate sobre la faz de las aguas.

Cuando Pedro dice que las Escrituras no provienen de la interpretación del autor, nos muestra que los autores no tenían un mensaje de Dios que debían interpretar y adivinar lo que quería decir. La Biblia no está compuesta por el entendimiento de los apóstoles y profetas de lo que Dios les estaba compartiendo. No es así. *El Espíritu Santo obró en y por medio de ellos* para asegurar que su Palabra fuera escrita las páginas de la Biblia.

DETENTE

Pregunta: ¿Por qué crees que es tan importante que entendamos que la Biblia es la verdadera Palabra de Dios y que no fue inventada por hombres?

ASÍ HA DICHO JEHOVÁ

«Así ha dicho Jehová» aparece constantemente en todo el Antiguo Testamento. También la frase «así dice Jehová» se repite una y otra vez en las Escrituras de los profetas.

«Después Moisés y Aarón entraron a la presencia de Faraón y le dijeron: Jehová el Dios de Israel dice así: Deja ir a mi pueblo a celebrarme fiesta en el desierto» (Éx. 5:1).

DETENTE

Los escritores del Antiguo Testamento repetían la frase «Así ha dicho Jehová». ¿Cuál crees que era el propósito de repetirlo frecuentemente?

A ILUSTRACIÓN

René tomó la mano de su nieta y exclamó, «¡*No! Eso no se toca. ¿Cuántas veces te lo tengo que decir?*». Sin haber visto lo que había hecho su nieta, Pedro ya sabía por qué su abuela la estaba regañando. Le encantaba girar las perillas de la estufa y ver como saltaban las llamas. René temía que se quemara los dedos. «Nunca haces caso. ¡Te he dicho cientos de veces que no juegues con eso! Siéntate en las escaleras ahora mismo señorita, antes de que te dé en el trasero».

A veces, nos pueden decir algo tan frecuentemente que dejamos de escuchar lo que nos están diciendo. Los escritores del Antiguo Testamento repiten la frase «*así ha dicho Jehová*» más de cuatrocientas veces. El hecho de que los escritores del Antiguo Testamento repitan esta frase nos dice que algo merece nuestra atención. Lo usan tantas veces, y se debe a una simple razón, querían que los lectores entendieran *que se les estaban comunicando la Palabra de Dios.* Esto es lo que Dios dice y esto es lo que Dios requiere de nosotros. *Este es un importante y persistente declaración a través de la Biblia.*

Los autores están desesperados por que entendamos esta verdad: DIOS ESTÁ HABLÁNDO y ¡CUANDO DIOS NOS HABLA, DEBEMOS ESCUCHAR! Las Escrituras nos dicen que:

> **Dios es**
> **el todopoderoso,**
> **omnisciente,**
> **creador,**
> **sustentador y**
> **juez justo.**

El es el Rey del universo. Cuando digo que es Rey, no me refiero a un monarca representativo o simbólico como existen en Europa. Hablo de un monarca absoluto, *cuya palabra es ley, cuyo poder es incomprensible,* y *cuyo reinado es incuestionable.* En el Libro de Daniel capítulo 4, Nabuconodosor, rey de Babilonia, uno de los reyes más poderosos de la historia hace una declaración sobre Dios:

«Mas al fin del tiempo yo Nabucodonosor alcé mis ojos al cielo, y mi razón me fue devuelta; y bendije al Altísimo, y alabé y glorifiqué al que vive para siempre, cuyo dominio es sempiterno, y su reino por todas las edades. Todos los habitantes de la tierra son considerados como nada; y él hace según su voluntad en el ejército del cielo, y en los habitantes de la tierra, y no hay quien detenga su mano, y le diga: ¿Qué haces?» (Dan. 4:34-35).

Si el rey más poderoso del mundo reconoce su propia impotencia ante el Rey del universo, sería sabio de nuestra parte reconocer el mismo hecho y ser humildes para poner atención a la Palabra de Dios.

DETENTE

Lee los siguientes tres pasajes de ls Escritura. ¿Qué crees que Jesús creía sobre la Biblia?

«No penséis que he venido para abrogar la ley o los profetas; no he venido para abrogar, sino para cumplir. Porque de cierto os digo que hasta que pasen el cielo y la tierra, ni una jota ni una tilde pasará de la ley, hasta que todo se haya cumplido» (Mat. 5:17-18).

«Si llamó dioses a aquellos a quienes vino la palabra de Dios (y la Escritura no puede ser quebrantada), ¿al que el Padre santificó y envió al mundo, vosotros decís: Tú blasfemas, porque dije: Hijo de Dios soy?» (Jn. 10:35-36).

«Y les dijo: Estas son las palabras que os hablé, estando aún con vosotros: que era necesario que se cumpliese todo lo que está escrito de mí en la ley de Moisés, en los profetas y en los salmos. Entonces les abrió el entendimiento, para que comprendiesen las Escrituras; y les dijo: Así está escrito, y así fue necesario que el Cristo padeciese, y resucitase de los muertos al tercer día; y que se predicase en su nombre el arrepentimiento y el perdón de pecados en todas las naciones, comenzando desde Jerusalén» (Luc. 24:44-47).

Estos tres pasajes de los Evangelios de Mateo, Juan y Lucas nos dan una clara respuesta de lo que Jesús creía sobre las Escrituras. Él creía que tenían:

autoridad,
poder y
verdad.

Él creía que *cada palabra era importante*, que la Escritura era inquebrantable y no podía ser ignorada. Creía que cada una de las palabras en la Biblia hablaban de él y declaraban el camino a la salvación. Usaba las Escrituras para enseñar a sus seguidores y para exponer a sus oponentes. Cuando Satanás ataca e intenta tentar a Jesús para que peque, Jesús le responde usando la Palabra de Dios como arma.

John Piper escribió:

> Él (Jesús) enseñó que todas las Escrituras serían cumplidas; que el Espíritu Santo hablaba por medio de los escritores de los Salmos; que las palabras de Moisés en las Escrituras eran las mismas palabras de Dios; que ni una parte de las Escrituras puede ser quebrantada; que la fidelidad a las Escrituras nos cuidará del error; que puede derrotar a los adversarios más poderosos; que es una prueba de fuego que muestra si nuestros corazones están abiertos a conocer a Jesús; y que es un guión virtual que se está desarrollando mediante el triunfo de Jesús a través de su sufrimiento, muerte y resurrección.[1]

Para dejarlo claro, Jesús fue y es un gran apasionado de la Biblia.

---

1. John Piper, *A Peculiar Glory* (London: IVP, 2016), p. 113.

INSPIRACIÓN VERBAL PLENARIA (IVP)

Entonces, respondamos a las primeras dos preguntas del capítulo; ¿qué queremos decir cuando decimos que las Escrituras fueron inspiradas? Creemos en lo que los maestros de la Biblia llaman Inspiración verbal plenaria, que es una forma elegante de decir que cada palabra de las Escrituras proviene de Dios. Como ya hemos descubierto, los autores bíblicos escribieron exacta y precisamente lo que Dios quería que se escribiera, esto es, sin error. Esto fue logrado por el poder y obra del Espíritu Santo.

El Señor habló
inspirando a los autores
y exhalando su Palabra.

Ahora, quizás estés analizando estas frases como «exhalado por Dios», «inspirado por el Espíritu Santo», «así ha dicho Jehová» o «IVP», y preguntándote: «¿entonces no dejó ningún lugar para que se mostraran los estilos literarios o las personalidad de los escritores humanos? Decimos que la Biblia fue escrita por Dios y seres humanos ¿pero no se podría considerar como un libro humano si Dios usó a los humanos como una máquina de escribir?»

Es una buena pregunta, pero si ese fuera ese el caso, tendrías razón al decir que la Biblia no es un libro humano. No es así. Cada uno de los más de cuarenta autores bíblicos escribieron en su propio estilo, revelando sus matices y su personalidad.

Algunos son precisos y particulares,
otros son poéticos,
algunos técnicos
y alguno que otro simple.

La gramática del apóstol Pablo se vuelve complicada cuando se emociona, mientras que Lucas el médico proveniente de Atenas demuestra gran conocimiento gramático. Aún más importante, es que los autores bíblicos estaban compartiendo sus historias como testigos, o registrando las historias de otros testigos que habían visto como Dios obraba. Las poesías y oraciones detalladas en los Salmos son reflexiones sobre las experiencias del autor vividas en Dios y su Palabra. El rey Salomón nos comparte la gran sabiduría que Dios le dio en los Libros de Proverbios, Eclesiastés y Cantar de los Cantares. Pablo escribe sus cartas a iglesias que él había plantado y a los pastores que él había preparado. Daniel y Juan comparten las visiones que Dios les había revelado. Los autores bíblicos no solo escribían las Escrituras, sino que las habían vivido.

«He aquí que yo soy Jehová, Dios de toda carne; ¿habrá algo que sea difícil para mí?» (Jer. 32:27).

No hay nada difícil para Dios. No tuvo que trabajar con los autores bíblicos como si fueran títeres para que sus palabras llegaran a cada página. Al ser soberano, él tiene el poder de guiar y moldear la vida de los autores para que su educación, experiencia, estilo de vida, familia, amistades y cultura, con la inspiración del Espíritu Santo, les llevara a escribir sus palabras tal y como las quiere escritas.

«Acordaos de las cosas pasadas desde los tiempos antiguos; porque yo soy Dios, y no hay otro Dios, y nada hay semejante a mí, que anuncio lo por venir desde el principio, y desde la antigüedad lo que aún no era hecho; que digo: Mi consejo permanecerá, y haré todo lo que quiero» (Isa. 46:9-10).

Dios reina sobre todo y por lo tanto, *todos sus planes se llevan a cabo y su voluntad será cumplida.* Hombres cuyas vidas fueron moldeadas y ordenadas por Dios, fueron los que pusieron en papel las palabras de Dios en las Escrituras que él inspiro.

DETENTE

Pregunta: ¿Por qué es importante que la Escritura sea fiel a la Palabra de Dios?

En Juan capítulo 6, después de que Jesús compartiera una severa enseñanza, muchos de los que habían sido sus seguidores desde el principio de su ministerio, le dieron la espalda y se apartaron de él. Como respuesta, Jesús hace una pregunta a los doce discípulos y la respuesta de Pedro reveló por qué la doctrina de inspiración es tan importante.

«Dijo entonces Jesús a los doce: ¿Queréis acaso iros también vosotros? Le respondió Simón Pedro: Señor, ¿a quién iremos? Tú tienes palabras de vida eterna. Y nosotros hemos creído y conocemos que tú eres el Cristo, el Hijo del Dios viviente» (Jn. 6:67-69).

> **DETENTE**
>
> *Preguntas: Siendo honestos, ¿cómo hubieras respondido la pregunta de Jesús? ¿Estás preparado para seguir a Jesús aunque los cosas se pongan difíciles y nos diga cosas que son difíciles de aceptar?*

La vida está llena de grandes preguntas que necesitan respuestas.

¿De dónde vengo?

¿Por qué estoy aquí?

¿Por qué es el mundo como es?

¿Por qué sufre la gente?

¿Qué es la muerte?

¿Soy bueno o soy malo?

Si apagamos nuestros teléfonos y nos alejamos de las distracciones de la vida, estas preguntas nos golpearán como olas a la orilla del mar. No podemos evitarlas, pero aún más importante es que tampoco podemos contestarlas nosotros mismos. Cuando las multitudes se apartaron de Jesús, Pedro y los discípulos se quedaron junto a él porque, por la gracia de Dios, habían aprendido que solo de Jesús tenía las palabras de vida eterna. Por eso dice Pedro «¿a quién iremos? Tú tienes palabras de vida eterna».

En el primer capítulo, vimos lo que es la Biblia y de dónde viene. Establecimos que la Biblia viene del bondadoso deseo que Dios tiene de revelarse a sí mismo al pecador para salvación. Esto significa que **debemos que tomar en serio** y *debemos rodearnos de hermanos y hermanas que también lo toman en serio*. Necesitamos estar cerca de otros cristianos que nos ayuden aprender y aplicar la Biblia en nuestras vidas.

Debemos ser miembros de una iglesia que

cree en la Biblia,
  ama la Biblia,
  • obedece la Biblia,
      canta la Biblia,
    ora la Biblia,
y predica la Biblia

Si eso no es una descripción de tu iglesia, entonces debes encontrar una que cumpla esta descripción.

RESUMEN

Cada palabra de la Escritura viene de Dios. Los autores bíblicos escribieron exacta y precisamente lo que Dios quería y pretendía que fuera escrito, sin error ni equivocación. Esto se logró por medio del poder y la obra del Espíritu Santo. La Biblia es donde uno conoce a Jesús. Es donde encontramos las respuestas a las grandes preguntas, porque en el fondo fue escrito por el que tiene todas las respuestas. Nos hace sabios para la salvación y por eso es importante.

DETENTE

Pregunta: ¿Cómo cambiará esto la forma que tratamos y leemos la Biblia?

VERSÍCULO PARA MEMORIZAR

«Y él dijo: Antes bienaventurados los que oyen la palabra de Dios, y la guardan» (Lc. 11:28).

¿CUÁL ES EL PUNTO?

La Biblia es absolutamente confiable.

CAPÍTULO 4

¿Cómo sabemos que podemos confiar en la Biblia?

Parte II (Inerrancia)

En este capítulo vamos a contestar una gran pregunta: ¿puedo realmente confiar en la Biblia? En los capítulos anteriores, vimos lo que significa que la Biblia sea la Palabra de Dios inspirada. En este capítulo, vamos a aprender cómo la autoría de Dios en la Escritura le da absoluta veracidad y es de absoluta confianza. Esto lo llamamos *inerrancia*. Simplemente quiere decir que **la Palabra de Dios no tiene errores.**

ILUSTRACIÓN

¡Hola Pedro! – exclamó René – ¿Has visto la noticia en Facebook sobre el hombre de la furgoneta blanca intentando raptar niños? Lo describen como grande y descuidado. Debe ser un pedófilo. Hay un comentario aquí que dice que es la misma furgoneta que está al final de nuestra calle ahora mismo. ¿Deberíamos acercarnos a ver? Pedro la miró y dijo: «Honestamente René, lo crees todo. ¿Por qué crees todo lo que lees? Seguramente es un muchacho entrando y saliendo de tiendas rápidamente. Esa descripción podría ser de cualquier persona». René apunta hacia su móvil y dice: «No Pedro, es cierto lo dice aquí, además hay muchos "me gusta" y comentarios». Pedro desvió la mirada y dijo: «Querida, porque está en Facebook no significa que sea cierto. Preocúpate si sale en el noticiero de las seis. Entonces sería algo legítimo y veraz».

LOS MANUSCRITOS ORIGINALES

Cuando decimos que la Biblia no tiene error es importante reconocer que nos referimos a los *manuscritos originales o autógrafos*, escritos por los mismos profetas y apóstoles. Estos documentos fueron escritos en rollos de papiro y debido a la delicadeza de estos rollos, tuvieron que ser reproducidos una y otra vez por siglos.

DETENTE

Pregunta: ¿Cómo crees que podemos estar seguros de que las copias de los manuscritos originales eran precisas?

Pensemos en cómo podemos asegurarnos que hicieron copias precisas. Los escribas y monjes que se dedicaron a esta tarea eran seriamente meticulosos y revisaban una y otra vez su trabajo usando varios métodos para garantizar que las copias que hacían eran 100 % precisas.

Tenemos aproximadamente 5,800 manuscritos griegos para estudiar y comparar. Quizás no parezca mucho, pero en comparación con otros libros de la antigüedad, es asombroso.

Por ejemplo, tenemos mas o menos diez manuscritos de *Comentarios sobre la guerra de las Galias* por Julio César, que fue escrito entre los años 60-50 a.C. Los manuscritos más antiguos fueron escritos 900 años después del evento. A pesar del tiempo transcurrido, ningún historiador duda de Julio César.

John Piper escribió lo siguiente:

> Ningún libro de la antigüedad se acerca a la riqueza de la preservación que tenemos del Nuevo Testamento. No sólo es el número de manuscritos increíble, sino también antiguos. El fragmento más antiguo que tenemos, por ejemplo, es un papiro del 130 d. C. Uno de los manuscritos más antiguos de todo el Antiguo Testamento es del 350 a. C.[1]

Entre 1946 y 1956 se encontraron los rollos del mar Muerto en una cueva de Qumrán, Israel. Fueron preservados en jarras de barro, y estos manuscritos del Antiguo Testamento son por mucho los más antiguos que tenemos. Cuando fueron comparados con los manuscritos más recientes, prácticamente *no había ninguna diferencia.*

DETENTE

Piensa en esto. Los manuscritos más antiguos prácticamente no tenían ninguna diferencia real con las palabras que tenemos hoy en nuestra Biblia. ¿Qué nos dice eso sobre la precisión de la Biblia?

---

1. John Piper, *A Peculiar Glory* (London: IVP, 2016), 82.

El meticuloso trabajo de estos monjes y escribas durante siglos significa que podemos estar confiados en la fidelidad de nuestra Biblia. Lo que tenemos en ella es una traducción precisa de la misma Palabra de Dios, preservada y protegida por su poder soberano a través de la historia.

🔔 ILUSTRACIÓN

Vaya pesadilla. Todo lo que podía salir mal salió mal. Cuando René se despertó esa mañana, el calentador de agua no funcionaba, entonces no tenía agua caliente para bañarse. Luego, camino a casa después de hacer las compras, se le rompió la bolsa y se destrozaron los huevos que contenía. Además le tocó esperar un buen rato en el banco, lo que la hizo llegar tarde a la escuela para recoger a sus nietos. Cuando pensaba que no podría empeorar, perdió el autobús para llegar a casa y tuvo que esperar 20 minutos hasta que llegara el próximo. Al llegar al hospital para ver a su amiga Kate, estaba exhausta. Su amiga la miró y dijo, «René, es bueno verte pero no tenías que haber venido. ¡Está lloviendo a cántaros y estás empapada!». René le sonrió y le dijo: «Querida, te dije que vendría a verte hoy, y sabemos que cumplo con mi palabra».

La Biblia nos recuerda que también Dios es siempre fiel a su Palabra. Entonces, estamos seguros de que nuestras Biblias son traducciones fieles de la Escritura original. Ahora, tratemos el tema de su fiabilidad.

DETENTE

Preguntas: ¿Cómo se *distingue la fiabilidad de algo o alguien? Piensa en las personas que más confías. ¿Qué característica tienen que los haga fiables?*

Probablemente pensaste en personas que son *constantes, directas, honestas y fiables.* Cuando René piensa en alguien confiable, piensa en su padre. Si él dice que va a hacer algo, lo hace. Si él dice que estará en un sitio a tal hora, ella puede estar segura que estará allí.

La fiabilidad de la palabra de alguien es un reflejo de su carácter. René confía en la palabra de su padre porque él ha demostrado que es honesto una y otra vez a lo largo de su vida.

DETENTE

Preguntas: ¿Qué diría alguien si le preguntaran sobre tu carácter? ¿Eres reconocido por ser fiel a tu palabra?

«Dios no es hombre, para que mienta, Ni hijo de hombre para que se arrepienta. El dijo, ¿y no hará? Habló, ¿y no lo ejecutará?» (Núm. 23:19).

Las Escrituras, al ser la Palabra de Dios, reflejan el carácter de Dios. *Dios es veraz, fiel, justo, fiable, omnisciente y omnipotente.* Por esta razón **podemos confiar en cada palabra de la Biblia.** Este versículo del Libro de Números enlaza la palabra y el carácter de Dios. Muestra el claro contraste entre Dios y el hombre para mostrar que Dios es 100% confiable.

DETENTE

Imagina que le prometiste a un amigo que lo recogerías a las 10 de la mañana en la estación del tren. ¿Puedes garantizar que estarás allí?

La respuesta es no. Puedes dar tu palabra, con la intención de ir a recogerlo, pero te podrías quedar atascado en la carretera, accidentarte al salir de la casa. Hay una lista infinita de cosas que podrían dejar abandonado a tu compañero en la estación del tren. Hay infinidad de causas fuera de nuestro control que te podrían detener de llevar a cabo lo prometido. Pero esto nunca la pasa a Dios,

Dios no es un humano.
Él no es como nosotros.
Él siempre es honesto.
Jamás puede ser frustrado o impedido de hacer algo.

«... para que por dos cosas inmutables, en las cuales es imposible que Dios mienta, tengamos un fortísimo consuelo los que hemos acudido para asirnos de la esperanza puesta delante de nosotros. La cual tenemos como segura y firme ancla del alma, y que penetra hasta dentro del velo» (He. 6:18-19).

Cuando el autor del Libro de Hebreos asegura a sus lectores que la salvación es segura, les recuerda que Dios ha dado su palabra inmutable y una promesa. **Es imposible que Dios mienta.** Salomón dice lo mismo en el de Proverbios.

«Toda palabra de Dios es limpia; El es escudo a los que en él esperan» (Prov. 30:5).

Este versículo enlaza la honestidad y fiabilidad de Dios con la seguridad de nuestra salvación. Lo hace explicando que es la fidelidad inmutable de Dios lo que lo hace el indicado para ser nuestro escudo y refugio como su pueblo.

Imagina que estás huyendo de una gran tormenta. El viento sopla en ráfagas y justo delante de ti ves dos edificios, uno hecho de ramitas y un búnker de cemento. ¿En cuál buscarías refugio? Un refugio debe ser un sitio de estabilidad, fortaleza y seguridad. *Si es débil, inestable o inseguro no puedes poner tu confianza en ello para que te proteja.*

«Si llamó dioses a aquellos a quienes vino la palabra de Dios (y la Escritura no puede ser quebrantada), ¿al que el Padre santificó y envió al mundo, vosotros decís: Tú blasfemas, porque dije: Hijo de Dios soy?» (Juan 10:35-36).

Al dirigirse a sus oponentes incrédulos, que buscaban atacar su proclamación como Hijo de Dios, Jesús nos recuerda que las Escrituras no pueden ser quebrantadas. Porque Dios es Dios, su Palabra se lleva a cabo. Su

Palabra es completamente fiable porque Dios siempre dice la verdad. Puedes confiar en sus promesas porque Dios no puede ser frustrado, detenido o impedido de llevar algo a cabo. Las Escrituras son inerrantes porque Dios no comete errores. Kevin DeYoung nos da el argumento más simple para defender la inerrancia de las Escrituras. «Las Escrituras no provienen de la voluntad del hombre; viene de Dios. Y si es la palabra de Dios, todo tiene que ser cierto, porque en él no puede haber ni error ni mentira».[2]

«Santifícalos en tu verdad; tu palabra es verdad» (Jn. 17:17).

Al orar por su pueblo, antes de ir a la cruz, Jesús le pide al Padre que santifique (hacer santo) a su pueblo con la verdad, y luego explica que esto se lleva a cabo por la palabra de verdad.

Jesús nos enseña que lo que hace a su Palabra útil para santificar a su pueblo es su veracidad. **La Biblia** es útil para moldear y renovar nuestras mentes, para corregir, redargüir, confrontar, conformar, consolar, fortalecer y formarnos **porque es la verdad inerrante.** En Romanos 23, Pablo reta a la iglesia.

«No os conforméis a este siglo, sino transformaos por medio de la renovación de vuestro entendimiento, para que comprobéis cuál sea la buena voluntad de Dios, agradable y perfecta» (Ro. 12:2).

Todo cristiano necesita la verdad de la Palabra ser encaminado y moldeado cuando peca y cree cosas falsas sobre Dios.

AUTORIDAD

La Palabra de Dios no solo refleja el carácter de Dios, sino también declara su *absoluta soberanía, poder y autoridad.*

---

2. Kevin DeYoung, *Taking God At His Word* (Wheaton, IL: Crossway, 2016), p. 39.

«¿No sabéis? ¿No habéis oído? ¿Nunca os lo han dicho desde el principio? ¿No habéis sido enseñados desde que la tierra se fundó? El está sentado sobre el círculo de la tierra, cuyos moradores son como langostas; él extiende los cielos como una cortina, los despliega como una tienda para morar. El convierte en nada a los poderosos, y a los que gobiernan la tierra hace como cosa vana. Como si nunca hubieran sido plantados, como si nunca hubieran sido sembrados, como si nunca su tronco hubiera tenido raíz en la tierra; tan pronto como sopla en ellos se secan, y el torbellino los lleva como hojarasca. ¿A qué, pues, me haréis semejante o me compararéis? dice el Santo. Levantad en alto vuestros ojos, y mirad quién creó estas cosas; él saca y cuenta su ejército; a todas llama por sus nombres; ninguna faltará; tal es la grandeza de su fuerza, y el poder de su dominio» (Is. 40:21-26).

La Biblia no es solo un libro de consejos y sugerencias que puedes seguir o despreciar a tu gusto. Es el Creador, Sustentador, Redentor, Juez y Rey del universo revelándose a sí mismo. La Biblia nos revela su voluntad y sus mandamientos como Rey. La tercera pregunta del *Westminster Shorter Catechism* es la siguiente:

> «¿Qué es lo que principalmente enseñan las Escrituras?
>
> Lo que principalmente enseñan las Escrituras es lo que el hombre ha de creer respecto a Dios y los deberes que Dios impone al hombre».[3]

La Biblia nos enseña lo que debemos creer de Dios, y lo que Dios quiere de nosotros. **Es la principal, final y absoluta autoridad sobre el creyente y la Iglesia.** Lo que las Escrituras enseñan es verdad y los estándares están establecidas en la ley santa. *Las Escrituras son la autoridad para la Iglesia en la fe y la práctica.*

---

3. Westminster Shorter Catechism, Question 3.

DETENTE

La gran pregunta no es si la Biblia es fiable sino ¿la obedeceremos?

RESUMEN

La Biblia es absolutamente fiable y sin errores. Es la absoluta e inquebrantable autoridad final en cuanto a todo. La Biblia es la Palabra de Dios dada al hombre para revelarnos todo lo que debemos saber sobre Dios y la salvación del pecado por medio de la fe en Jesucristo. **¿La leeremos con humildad y preparados para aprender de Dios? ¿o seremos orgullosos, ignorando sus enseñanzas, mandamientos y advertencias?**

VERSÍCULO PARA MEMORIZAR

«No os conforméis a este siglo, sino transformaos por medio de la renovación de vuestro entendimiento, para que comprobéis cuál sea la buena voluntad de Dios, agradable y perfecta» (Rom. 12:2).

¿CUÁL ES EL PUNTO?

El Antiguo Testamento nos dice que un salvador vendrá.

CAPÍTULO 5

¿Cómo debemos leer la Biblia?

Parte I
(El Antiguo Testamento)

Por ahora, aprendimo qué es la Biblia, por qué fue escrita, cómo fue escrita, cómo fue ensamblada y sus características, su veracidad absoluta, fiabilidad y autoridad.

¿Pero cómo debemos leerla?

DETENTE

Preguntas: ¿Es la Biblia como otros libros que leímos? ¿Cómo creemos que debemos leerla?

Frecuentemente, la Biblia usa palabras desconocidas para nosotros y habla de cosas de manera que nos parecen extrañas a primera vista. De nuevo, abordaremos el tema de dos maneras. Primero, en este capítulo hablaremos del Antiguo Testamento.

Los primeros 3 capítulos de la Biblia establecen un fundamento para el resto de la historia de la Biblia.

En Génesis 1, se nos da un gran cuadro, un gran resumen de la creación. Nos enteramos que **Dios creó** todo *por el poder de su palabra en seis días* y que *todo lo que él creó es bueno.* El cenit de su creación se lleva a cabo en el sexto día, cuando Dios crea al ser humano, varón y hembra, a su propia imagen y semejanza. Ahí, Dios le da a nuestros primeros padres dominio y autoridad sobre la creación, junto con una tarea, reproducirse y hacer de la tierra un lugar idóneo para ellos.

Génesis 2 nos da una visión más cercana de la creación de Adán y Eva. Descubrimos que el Señor proveyó un hogar perfecto para ellos, el huerto de Edén. También leemos sobre

la ley entregada para vivir una vida larga y bendecida

y las consecuencias de la rebelión contra la ley de Dios.

«Y mandó Jehová Dios al hombre, diciendo: De todo árbol del huerto podrás comer; mas del árbol de la ciencia del bien y del mal no comerás; porque el día que de él comieres, ciertamente morirás» (Gén. 2:16-17).

Génesis 2 concluye con el matrimonio de Adán y Eva de acuerdo con el plan de Dios para establecer relaciones sexuales.

**Un hombre y
una mujer,
comprometidos en una** *unión
monógama y para toda la vida,*
diseñada y ordenada por Dios.

El último versículo del capítulo termina en suspenso.

«Y estaban ambos desnudos, Adán y su mujer, y no se avergonzaban» (Gén. 2:25).

En Génesis 3 vemos cómo todo se va a la ruina. El resto de la Biblia trata de Dios arreglando los daños causados por los eventos catastróficos que ocurren en este capítulo.

Génesis 3 nos presenta a *la serpiente*. Esta criatura astuta nos llama la atención porque, aquí en el mundo creado por Dios tan bueno, *vemos a una criatura viviendo en rebelión contra Dios*. Su única intención es tentar e incitar a otros a que se unan a ella en su rebelión. Detalles sobre esta serpiente se van presentando a lo largo de las Escrituras, bajo varios nombres:

- **Satanás,**
- **el diablo,**
- **el dragón.**

Esta serpiente tienta a Adán y a Eva a que coman del árbol de conocimiento del bien y del mal. Trágicamente, aunque Dios bondadosamente les dio vida, un hogar perfecto y una comunión perfecta con él, nuestros primeros padres creyeron la mentira del diablo, comiendo del fruto, rebelándose contra Dios.

Aquí se desata el caos.

El pecado y **la muerte** entran al mundo y Adán y Eva caen en un estado de depravación. De pronto, la pareja se esconde de Dios, temerosa, avergonzada y condenada.

DETENTE

Preguntas: ¿Por qué crees que Adán y Eva de pronto sienten temor por Dios?

Leemos que Dios viene al huerto y los llama. Aquí somos introducidos a un tema muy importante en las Escrituras:

Dios no es solo Creador, Sustentador, dador de leyes y Rey,
sino que
también es
el santo y justo Juez sobre toda su creación.

Inmediatamente, Dios condena a la serpiente a la destrucción. Esta labor de llenar la tierra y hacer de ella un sitio adecuado para la vida humana se vuelve complicada y dolorosa, y donde hay muerte espiritual, le sigue la muerte física.

«Con el sudor de tu rostro comerás el pan hasta que vuelvas a la tierra, porque de ella fuiste tomado; pues polvo eres, y al polvo volverás» (Gén. 3:19).

Al final, Adán y Eva son expulsados del huerto de Edén, fuera de la presencia de Dios. El querubín (asombroso ángel cuyo nombre significa ser ardiente) con una espada encendida bloquea la entrada al árbol de la vida. Entonces, lo que encontramos al final de Génesis 3 es la santidad de Dios impidiendo que el hombre pecaminoso gane vida y entre a la presencia de Dios.

Los grandes problemas que todos los seres humanos comparten están presentes en el texto del capítulo 3 de Génesis. *Vemos cómo reinan y gobiernan el pecado y muerte, y a la vez vemos la inevitable realidad de la santidad y el juicio.* Estos temas y problemas continuarán desarrollandose e incrementandose a lo largo de la historia. Nuestra impotencia se expone una y otra vez.

Sin embargo, existe un rayo de esperanza en medio de este juicio santo de Dios.

«Y Jehová Dios dijo a la serpiente: Por cuanto esto hiciste, maldita serás entre todas las bestias y entre todos los animales del campo; sobre tu pecho andarás, y polvo comerás todos los días de tu vida. Y pondré enemistad entre ti y la mujer, y entre tu simiente y la simiente suya; ésta te herirá en la cabeza, y tú le herirás en el calcañar» (Gén. 3:14-15).

A la vez que el Señor promete destrucción a la serpiente, nosotros encontramos **esperanza.** Dios promete que el descendiente de una de la mujer morirá para destruir a la serpiente. «Te herirá en la cabeza, y tú le herirás en el calcañar».

> **DETENTE**
>
> *Pregunta: ¿Quién crees que es el descendiente de esta mujer?*

Maestros de la Biblia reconocen que aquí, Dios nos está compartiendo «las primeras buenas nuevas».

> **DETENTE**
>
> *Pregunta: ¿Cuáles crees que sean las buenas nuevas?*

Aquí, en medio del desastre de la caída y la horrible realidad que del pecado y el juicio, vemos la **promesa del evangelio**, que un día el hijo de una mujer moriría para destruir al diablo y sus hazañas. Llevaría sobre él la maldición de nuestro pecado y moriría, para que nosotros pudiéramos ser librados de la muerte.

El capítulo 3 tiene una cosa más de importancia que enseñarnos. ¿Recuerdas el final de **Génesis 2:25**? «Y estaban ambos desnudos, Adán y su mujer, y no se avergonzaban». El pecado del hombre los llevó a un estado de culpa y vergüenza. Reconociendo su desnudez, Adán y Eva intentan esconderse de Dios.

«Y Jehová Dios hizo al hombre y a su mujer túnicas de pieles, y los vistió» (Gén. 3:21).

Dios nos está dando una señal, que **una muerte es necesaria** para cubrir la vergüenza del ser humano.

Esta idea de muerte como consecuencia del pecado es un tema de suma importancia en la Biblia.

LEYENDO TEMÁTICAMENTE

¿Cuál es el propósito de nuestro repaso de Génesis 1-3? Estos temas fundamentales en las Escrituras nos enseñan cómo leer el Antiguo Testamento.

Estos problemas, pecado, muerte y juicio, permanecen presentes en toda la Biblia, como una realidad inevitable para la vida humana. A pesar del avance tecnológico y cultural llevado a cabo por la humanidad, también vemos *el avance del pecado y la miseria,* junto con *la constante realidad de muerte y juicio.* Mientras leemos el Antiguo Testamento, nos damos cuenta de otros temas, como:

la profecía Mesiánica,
el Reino,
el pacto,
el sustituto para el sacrificio.

Brevemente abarcaremos cada tema mientras leemos este capítulo. Entender estos temas es clave para entender el Antiguo Testamento.

PROFECÍA MESIÁNICA

La palabra *Mesías* quiere decir «ungido» o «elegido», y hace referencia al salvador y libertador prometido. Mientras la historia de la Biblia se desarrolla en el tiempo, nos encontramos una serie de profecías sobre la venida del Salvador. Comprender la profecía mesiánica nos permitirá identificar al Mesías cuando finalmente nos encontremos con él.

Ya hemos mencionado las primera profecía. **La promesa de que herirá al serpiente en** Génesis 3:15 es la primera. «Y pondré enemistad entre ti y la mujer, y entre tu simiente y la simiente suya; ésta te herirá en la cabeza, y tú le herirás en el calcañar».

Este versículo nos da esperanza en medio del caos, la promesa que Dios nos hace es que *el hijo de la mujer morirá* para destruir al diablo y sus obras.

DETENTE

Pregunta: ¿Quién crees que será quien destruya a la serpiente?

Conocemos a Caín y Abel en Génesis 4 y pensamos, ¿será uno de estos dos el que destruirá a la serpiente? La respuesta es no, desafortunadamente. Abel termina muerto y Caín siendo un asesino.

Enseguida conocemos a Noé en Génesis 6 al 9 y nos preguntamos si él es el prometido que destruirá a la serpiente. Al principio no va del todo mal, es salvado del diluvio, pero desafortunadamente termina la historia desnudo y avergonzado. Entonces nos damos cuenta que definitivamente él no lo es.

En Génesis 12 conocemos a una persona de suma importancia en la historia de la Biblia. Conocemos a Abraham. Él es el *padre de la fe* y el *padre de la nación de Israel.* Vemos la promesa de Dios de traer a un salvador explicada en Génesis 12, cuando el Señor promete que por medio de él, todas las naciones de la tierra serán bendecidas. Empezamos a pensar que quizás él sea el prometido destructor de la serpiente. Pero de nuevo nos decepcionamos al conocer que también tenía fallas. Temía por su vida e incluso hizo pasar a su mujer como su hermana para salvar su propia vida. Abraham fue un gigante de la fe, pero no perfecto; él tampoco era el Mesías prometido.

De Éxodo a Deuteronomio leemos cómo el pueblo de Israel (los descendientes de Abraham) es rescatado de la esclavitud en Egipto. Vemos cómo Dios entrega su ley y su viaje hacia la Tierra Prometida. *Todo esto sucedió bajo el liderazgo de Moisés.* ¿Será él el quebrantador de la serpiente? No, incluso poco después de su muerte, Moisés habla en **Deuteronomio 18:15-19** sobre la promesa que Dios hizo de un día rescatar a su pueblo:

Profeta de en medio de ti, de tus hermanos, como yo, te levantará Jehová tu Dios; a él oiréis; conforme a todo lo que pediste a Jehová tu Dios en Horeb el día de la asamblea, diciendo: No vuelva yo a oír la voz de Jehová mi Dios, ni vea yo más este gran fuego, para que no muera. Y Jehová me dijo: Han hablado bien en lo que han dicho. Profeta les levantaré de en medio de sus hermanos, como tú; y pondré mis palabras en su boca, y él les hablará todo lo que yo le mandare. Mas a cualquiera que no oyere mis palabras que él hablare en mi nombre, yo le pediré cuenta.

Con el paso del tiempo, aprendemos que el salvador **será:**

- descendiente de David
- Hijo de Dios
- nacerá de una virgen en Belén
- llamado nazareno
- sanará enfermos, ciegos y sordos
- profeta
- sacerdote
- Rey
- odiado sin causa
- traicionado por un amigo
- morirá como sustituto sacrificial
- sepultado
- resucitado
- ascenderá al cielo
- establecerá un nuevo pacto
- gobernará y reinará sobre un reino eterno

Estas promesas son edificadas una sobre otra, creando una creciente expectación en el Antiguo Testamento.

EL REINO

El tema del *Reino de Dios* comienza en el huerto de Edén. Aquí vemos establecida la forma y estructura del Reino.

Incluye:

el pueblo de Dios en *Adán y Eva*,
el lugar de Dios en el huerto y
vivir bajo la ley de Dios.

Este tema, como la profecía del Mesías, es evidente en toda la Biblia, desde *el llamado de Abraham con la*

*promesa de construir una gran nación, hasta la promesa
de la tierra de Canaán.*

«Y haré de ti una nación grande, y te bendeciré, y
engrandeceré tu nombre, y serás bendición» (Gén. 12:2).

Los primeros cinco libros de la Biblia nos muestran
el nacimiento de la nueva nación de Israel. Leemos su
rescate de la esclavitud en Egipto y su viaje a la tierra
prometida. Vemos cómo Dios muestra su presencia a
su pueblo, primero en el tabernáculo (un templo móvil
donde Dios se encontraba con su pueblo durante su
viaje a la tierra prometida) y después en en el templo
de Jerusalén.

A continuación, conocemos a Josué. Él establece fir-
memente **el orden del reino** *del pueblo de Dios, en el
lugar de Dios bajo la ley de Dios.* Pero de nuevo descubrimos que él tampoco es quien destruirá a la serpiente.

Los Libros de 1 y 2 Samuel nos presentan al rey
David, el rey escogido por Dios. ¿Podría ser el elegido?
Tristemente, no. Conocemos un hombre imperfecto,
que va detrás de mujeres, mata a quienes considera obstáculos y esconde sus pecados. No obstante, nos muestra
que el Mesías –quien herirá la cabeza de la serpiente –
vendrá de la genealogía del rey David.

«... desde el día en que puse jueces sobre mi pueblo
Israel; y a ti te daré descanso de todos tus enemigos. Asimismo Jehová te hace saber que él te hará casa. Y cuando
tus días sean cumplidos, y duermas con tus padres, yo
levantaré después de ti a uno de tu linaje, el cual proce-
derá de tus entrañas, y afirmaré su reino. El edificará casa
a mi nombre, y yo afirmaré para siempre el trono de su
reino» (2 Sam. 7:11-13).

El reino comienza a caer poco después de que el reinado de David llegara a su fin. Su hijo Salomón sube al
trono y el pueblo se revela contra el Señor. Los libros
de *1 y 2 de Reyes,* y *1 y 2 de Crónicas,* así como los *escritos de los profetas,* nos narran la división del reino. Nos

muestran el juicio de Dios a su pueblo, expulsados de su presencia y de la tierra de Canaán.

Al final, el pueblo de Israel regresa a la Tierra Prometida. Como lo registran los Libros de *Esdras, Nehemías, Joel, Hageo, Abdías* y *Malaquías*. En estos libros vemos la reconstrucción de los muros de Jerusalén y el templo. Pero aun estando de vuelta en la Tierra Prometida, no tenían rey, y el Antiguo Testamento concluye con un pueblo que se queja y anhela un rey, y la restauración de la antigua gloria de su reino. El prometido, que habría de destruir a la serpiente aún no ha llegado.

EL PACTO

DETENTE

La palabra «pacto» es un poco extraña. ¿Qué crees que significa?

Un pacto es una *promesa formal o contrato* entre **Dios** y **su pueblo**.

DETENTE

Pregunta: ¿Puedes pensar en una promesa formal o un contrato ceremonial que aún hagamos hoy en día?

Hay dos tipos de pactos. Históricamente había contratos entre un rey y sus súbditos, lo cual se llamaba un **tratado de soberanía**. Este pacto comenzaba con una declaración sobre **quién era el rey** y lo **que había hecho.**

«Y le dijo: Yo soy Jehová, que te saqué de Ur de los caldeos, para darte a heredar esta tierra» (Gén. 15:7).

«Yo soy Jehová tu Dios, que te saqué de la tierra de Egipto, de casa de servidumbre» (Éx. 20:2).

El segundo tipo de pacto contiene *lo que un rey demanda de sus súbditos.* Este pacto incluye una lista de recompensas al obedecer, y una lista de sentencias al quebrantar el pacto.

«Y mandó Jehová Dios al hombre, diciendo: De todo árbol del huerto podrás comer; mas del árbol de la ciencia del bien y del mal no comerás; porque el día que de él comieres, ciertamente morirás» (Gén. 2:16-17).

Levítico 18:5 resume cómo funciona el pacto.

«Por tanto, guardaréis mis estatutos y mis ordenanzas, los cuales haciendo el hombre, vivirá en ellos. Yo Jehová» (Lev. 18:5).

El mensaje es claro:
obedece y vivirás,
revélate y enfrentarás la justicia del rey.

El problema que vemos constantemente a lo largo de la historia es que la raza humana nunca ha sido fiel al pacto. Caemos en pecado y desobediencia constantemente. Simplemente no tenemos ni la voluntad ni la habilidad de llevar a cabo nuestra parte del trato.

DETENTE

Pregunta: ¿Cuáles crees que sean las consecuencias para nosotros al romper el pacto de Dios?

Una vez más. El pecado significa que no tenemos ni la voluntad ni la habilidad de obedecer. Si vamos a vivir bajo la bendición del Señor, requerimos otro tipo de pacto, uno que no dependa de la obediencia de pecadores.

DETENTE

Pregunta: ¿Intentamos resolver nuestro problema del pecado esforzándonos más? ¿De qué forma has intentado complacer a Dios?

RENÉ

De cada dos palabras que salen de la boca de René, una es una mala palabra. Ni siquiera se da cuenta. Simplemente es parte de su hablar cotidiano. Pero cuando René estaba rodeada de gente de la iglesia, se esforzaba por mostrar una buena conducta. Se esforzaba en refrenar su lengua y prestaba atención a cada cosa que decía. Pero al llegar a casa, de nuevo fluían esas malas palabras con normalidad.

De vez en cuando ha dicho alguna mala palabra incluso en la iglesia. Un día, mientras trabajaba en la cocina de la iglesia, se quemó y se le escaparon algunas palabras. Otro creyente la escuchó e inmediatamente la retó con Efesios 4, «Ninguna palabra corrompida salga de vuestra boca, sino la que sea buena para la necesaria edificación, a fin de dar gracia a los oyentes». René sentía como su ira iba en aumento. ¿Quién se creía ser esta persona, reprimiéndola impretinentemente con la Biblia? René salió del cuarto, y juró que nunca regresaría. Pero aunque lo intentaba, René no lograba sacar ese versículo de su mente en el transcurso del día. Acostada en la cama pero sin dormir, de pronto se dio cuenta de la gravedad de esas malas palabras. Una de cada dos palabras que salían de su poca eran profanas. ¿Cómo no se había dado cuenta antes? Empezó a sentir un peso en su corazón y le pidió a Dios que le ayudara a controlar su lengua y limpiar su vocabulario.

DETENTE

Pregunta: ¿Crees que René verdaderamente reconoció su pecado como un problema de su corazón?

«He aquí que vienen días, dice Jehová, en los cuales haré nuevo pacto con la casa de Israel y con la casa de Judá. No como el pacto que hice con sus padres el día que tomé su mano para sacarlos de la tierra de Egipto;

porque ellos invalidaron mi pacto, aunque fui yo un
marido para ellos, dice Jehová. Pero este es el pacto
que haré con la casa de Israel después de aquellos días,
dice Jehová: Daré mi ley en su mente, y la escribiré en
su corazón; y yo seré a ellos por Dios, y ellos me serán
por pueblo. Y no enseñará más ninguno a su prójimo,
ni ninguno a su hermano, diciendo: Conoce a Jehová;
porque todos me conocerán, desde el más pequeño de
ellos hasta el más grande, dice Jehová; porque perdonaré
la maldad de ellos, y no me acordaré más de su pecado»
(Jer. 31:31-34).

«Os daré corazón nuevo, y pondré espíritu nuevo
dentro de vosotros; y quitaré de vuestra carne el corazón
de piedra, y os daré un corazón de carne» (Ezeq. 36:26).

DETENTE

*Obviamente la Biblia no se refiere literalmente a un
transplante de corazón. ¿Entonces qué crees que quiere
decir con darnos un corazón nuevo?*

¿Qué diferencias has visto en tu propia vida desde
que Dios te dio un nuevo corazón?

PEDRO

René y Pedro han recibido ayuda del gobierno desde
hace un par de años cuando Pedro perdió su trabajo
como conductor de autobuses. Pedro tiene diabetes y
sufrió un infarto. Sin poder trabajar, y sin esperanzas de
encontrar otro trabajo, se rindió y se registró para recibir
prestaciones. Esa primera Navidad después de haber perdido su trabajo fue difícil. No tenían suficiente dinero,
René tuvo que trabajar haciendo limpieza para poder
comprarle regalos a sus nietos. René y Pedro no pensaban declarar ningún ingreso, ni siquiera lo consideraron.
Todos lo hacemos. Todos recibimos un poco de dinero
negro. No le he hace daño a nadie.

No fue hasta un par de meses después de haberse convertido, que se dieron cuenta de que lo que estaban haciendo era deshonesto. Pedro se sentía culpable, y le había estado diciendo a René que quizás debería ir a la oficina de prestaciones a decir la verdad, que habían estado jugando con el sistema. «¿Pero por qué no puedo dejar de trabajar?» imploraba René. «¿En serio crees que deberíamos decir? Estoy preocupada. ¿Y si acabamos en un problema o nos llevan a la cárcel? No, no podemos decir nada».

DETENTE

Preguntas: ¿Quién está mostrando un verdadero cambio en su corazón? ¿René o Pedro?

SUSTITUTO SACRIFICIAL

Desde el momento que el pecado y la culpa entraron al mundo, **la sustitución del sacrificio parece ser la solución al problema.** Mientras Adán y Eva, desnudos, condenados y avergonzados, están a punto de ser echados del huerto de Edén y de la presencia de Dios, Dios cubre bondadosamente su culpa con pieles de animal.

«Y Jehová Dios hizo al hombre y a su mujer túnicas de pieles, y los vistió» (Gn. 3:21).

Podemos aprender algo de la lección sencilla pero profunda de la gracia de Dios al proveer vestimentas a Adán y Eva. Para que el pecado y la culpa sean cubiertas, **un sustituto debe morir, y su sangre debe ser derramada.** Mientras continúa la historia en las Escrituras, esta verdad se observa claramente. La historia de la Pascua y el rescate de Israel, saliendo de Egipto, seguidos de la institución de los sacrificios, hace más claro que un sustituto debe morir para cubrir nuestro pecado. Así que la Biblia nos dirige a Jesús, quien murió para cubrir nuestros pecados en la cruz.

RESUMEN

La clave al leer el Antiguo Testamento, es seguir los temas principales que se desarrollan al paso del tiempo. A lo largo de treinta y nueve libros, la variedad de estilos literarios y personajes, podemos rastrear las promesas que Dios hace. En esta primera parte, hemos visto que **el Antiguo Testamento es un libro de promesas por cumplir.**

En la segunda parte, veremos que **el Nuevo Testamento es un libro sobre el cumplimiento de estas promesas hechas por Dios.**

VERSÍCULO PARA MEMORIZAR

«¿Con qué limpiará el joven su camino? Con guardar tu palabra. Con todo mi corazón te he buscado; No me dejes desviarme de tus mandamientos. En mi corazón he guardado tus dichos, Para no pecar contra ti» (Sal. 119:9-11).

¿CUÁL ES EL PUNTO?

El Nuevo Testamento nos muestra que Jesús es el Salvador

CAPÍTULO 6

¿Cómo debemos leer la Biblia?

Parte II
(El Nuevo Testamento)

DETENTE

Pregunta: ¿Recuerdas las promesas que leímos en el Antiguo Testamento?

El el último capítulo, explicamos que el Antiguo Testamento es un libro de promesas. Destacamos algunas de estas promesas y revisamos algunos de los temas principales en el Antiguo Testamento.

En el Nuevo Testamento, vemos el cumplimiento de estas promesas, Dios cumple sus promesas y lleva a cabo sus planes. Revisaremos los mismos cuatro temas que estudiamos en el capítulo sobre el Antiguo Testamento y observaremos cómo estos temas se cumplen en Jesús y su Iglesia, y cómo el pecado y la muerte son vencidos.

ILUSTRACIÓN

A René siempre le ha gustado escuchar historias de su abuela sobre la historia de su familia. Su abuelo había estado en la Primera Guerra Mundial y recibió varias medallas por su valentía. Cuando René era pequeña, sacaba las fotos y las ordenaba cronológicamente sobre la mesa de la cocina, recreando su historia familiar.

La semana pasada, René vio un anuncio que decía, «¿Quién crees que eres?» Anunciaba un programa que para crear árboles genealógicos y costaba solo 7.99 libras al mes. «A Pedro le encantaría eso. ¿Me pueden ayudar crear una cuenta?»

Todos tenemos un árbol genealógico.

Incluso Jesús.

«Libro de la genealogía de Jesucristo, hijo de David, hijo de Abraham» (Mat. 1:1).

El Nuevo Testamento comienza con este versículo.

DETENTE

La palabra «genealogía» suena sofisticada. ¿Qué crees que significa?

Desde el inicio, *el objetivo del Nuevo Testamento* es mostrar a los lectores que

Jesús es el Mesías. Él es el «*ungido*», el «*elegido*». Que vino a

destruir las obras del enemigo y
salvar a su pueblo.

Una de las principales formas en la que los autores del Nuevo Testamento alcanzaban su objetivo, era mostrando cómo *Jesús constantemente cumplía cada una de las profecías del Antiguo Testamento* sobre el Mesías.

Mateo comienza su Evangelio describiendo detalladamente la genealogía de Jesús. Una gran lista de nombres parece ser una forma aburrida de comenzar un libro tan

importante, pero Mateo estaba desesperado por que sus
lectores entendieran que **Jesús de Nazaret era el verdadero Mesías.** Tan solo en el primer capítulo vemos cómo
Jesús cumple tres profecías:

> **Descendiente de David.**
> **Descendiente de Abraham.**
> **Nacido de una virgen por el poder del Espíritu
> Santo.**

¡Tal como el profeta Isaías había prometido más de
700 años antes de que Mateo *empezara a escribir su
Evangelio!*

DETENTE

*¿Que tan increíble es eso? Toma un minuto para pen-
sar en esto. 700 años antes de que este árbol genealógico fuera escrito por Mateo, un profeta había compar-
tido los detalles del nacimiento y ascendencia de Jesús.
¿Qué nos dice esto sobre Jesús?*

Hay *61 profecías mesiánicas en el Antiguo Testamento,*
y **Jesús de Nazaret cumple cada una de ellas.** Quizás
piensas que no es gran cosa, pero estarías equivocado.
¡Es de gran importancia!

ILUSTRACIÓN

Al esposo de René, Pedro, le gusta irse de viaje a ver
carreras de caballos y apostar. A veces, lo hace también
en partidos de fútbol. Por esto, el entiende las posibili-
dades de que algo suceda o no.

Bueno, la probabilidad de que Jesús accidentalmente
cumpliera *solamente 8 de las 61* profecías era de 10,000,
000,000,000,000,000,000,000,000 a 1.[1]

---

1. Pedror W. Stoner, *Science Speaks* [La ciencia habla], (Chi-
cago: Moody Press, 1958), 97-110.

Esa en una probabilidad increíble, pero no es nada comparado con la probabilidad de cumplir cada una de las 61 profecías.

«Uno en un trillón de trillón de trillón de trillón de trillón de trillón de trillón de trillón de trillón de trillón de trillón de trillón de trillones».[2]

A lo largo del tiempo, algunos judíos afirmaban ser el Mesías esperado, pero ninguno de ellos logró vencer los 61 obstáculos de la profecía mesiánica. Esto terminó con la llegada de Jesús de Nazaret, el *uno* en un trillón de trillón de trillón de trillón de trillón de trillón de trillón de trillón de trillón de trillón de trillón de trillón de trillones. El Antiguo Testamento nos da señales para reconocer al Mesías en su venida. Muchas personas antes y después del nacimiento de Jesús decían ser el Mesías pero ninguno cumplió las profecías del Antiguo Testamento. Jesús cumplió cada una de ellas.

DETENTE

Pregunta: ¿Qué piensas de Jesús ahora que sabes que cumplió las profecías del Antiguo Testamento a pesar de que las probabilidades en su contra?

Los autores del Nuevo Testamento sabían la importancia de dejar claro que Jesús cumplió cada promesa y profecía del Antiguo Testamento. Quieren que lo oigamos claro y fuerte:

el Rey Mesías ha venido, y vendrá otra vez.

Mientras leemos los Evangelios, debemos estar atentos cada vez que leemos la siguiente frase: «Esto pasó para cumplir con lo que los profetas habían profetizado...». En los capítulos previos, observamos que estas promesas estaban fundamentadas una sobre la otra, creando un

2. Lee Strobel, *The Case for Faith* [El caso a favor de la fe], (Grand Rapids, MI: Zondervan, 2000), 262.

gran sentido de expectación y un profundo sentimiento de nostalgia.

Todas estas expectaciones se cumplieron **completa** y **finalmente** *por medio de la persona y obra de Jesús de Nazaret.*

Los escritores de los Evangelios lo veían cumplir la Escritura. En **Juan 20:31**, el apóstol dice que escribió su Evangelio con el propósito de *«que creáis que Jesús es el Cristo, el Hijo de Dios, y para que creyendo, tengáis vida en su nombre».*

SU REINO

El tema del Reino de Dios es explicado ampliamente y cumplido en el Nuevo Testamento con la venida del Rey Jesucristo y el nacimiento de su Iglesia. En capítulos previos hablamos sobre la forma y naturaleza de ese reino. Es

el pueblo de Dios,

el lugar donde Dios mora,

bajo su reinado.

En el Antiguo Testamento, el pueblo de Israel pensaba en la tierra de Israel cuando pensaban en el Reino de Dios. Pero en el Nuevo Testamento, vemos que el Reino de Dios va más allá de la faz de esta tierra, e incluye personas de cada lengua, tribu y nación.

Entonces, cuando el Nuevo Testamento anuncia la venida del Rey esperado, observamos que su venida no cumple con las expectativas y deseos de los gobernantes religiosos en Israel.

DETENTE

¿Cómo esperaban que fuera Mesías? Piensa en lo que hablamos en el último capítulo.

Esperaban lo siguiente de su Mesías:

Que llegara con poder

Que derrotara a todos sus enemigos.

Que derrocara a los romanos.

Que restableciera la época dorada del **rey David
y Salomón.**

¡Pero no es así como acontece la venida del Mesías!
Incluso, Jesús llega llamando a su pueblo al arrepentimiento y a tener fe.

«Desde entonces comenzó Jesús a predicar, y a
decir: Arrepentíos, porque el reino de los cielos se ha
acercado» (Mat. 4:17).

Jesús anunciaba que el Reino había llegado. Pero
en vez de derrotar a los romanos, **él llama a su propio
pueblo de Israel al arrepentimiento y tener fe en él
para salvación.** Él no buscaba a *gente rica, poderosa y
con influencia.*

*En vez de eso, él busca con amor a los pobres, los opri-
midos, los esclavizados, los rechazados, los estafadores y
pecadores.*

Sus mejores amigos eran una colección harapienta
de hombres y mujeres de clase obrera. Eran ladrones,
mentirosos e incluso, ¡un terrorista! Él hablaba del Reino
de Dios, ¡pero el Reino del que hablaba era totalmente
extraño para los líderes judíos! En el Reino de Jesús:

**Los primeros en ésta vida serán los últimos
Los últimos en ésta vida serán los primeros
El orgullo en esta vida será humillado
La humildad será exaltada
El camino a la grandeza es el servicio
El camino a la vida es la muerte**
El Rey Jesús no vino *para gobernar y reinar como
anhelaban los judíos, sino para servir y morir* por su pue-
blo. Jesús es:

*El perfecto siervo, no el poderoso guerrero.
Un humilde salvador, no un conquistador.*

«Porque el Hijo del Hombre vino a buscar y a salvar
lo que se había perdido» (Luc. 19:10).

La salvación de su pueblo fue alcanzada por medio de:

su vida sin mancha,
su muerte sacrificial,
y su resurrección triunfante.

(Analizaremos esto con más detalle al final del capítulo.)

Después de su muerte y resurrección, **Jesús manda a sus seguidores** al mundo a *predicar el evangelio, hacer discípulos,* y *declarar su Reino venidero* a todas las naciones.

Debían ir seguros sabiendo que el **Rey Jesús volverá** para establecer *por completo* su Reino, *destruir* a sus enemigos y *vivir con* su pueblo para siempre en un nuevo cielo y una nueva tierra.

DETENTE

Ahora que eres cristiano y seguidor de Jesús, ¿qué significado tiene esto en tu vida? ¿Cómo cambiará tu forma de vivir ahora?

«Y cuando le vieron, le adoraron; pero algunos dudaban. Y Jesús se acercó y les habló diciendo: Toda potestad me es dada en el cielo y en la tierra. Por tanto, id, y haced discípulos a todas las naciones, bautizándolos en el nombre del Padre, y del Hijo, y del Espíritu Santo; enseñándoles que guarden todas las cosas que os he mandado; y he aquí yo estoy con vosotros todos los días, hasta el fin del mundo. Amén» (Mt. 28:17-20).

El Libro de Hechos nos cuenta la historia de los **apóstoles**. Estos eran hombres, con poder del Espíritu Santo, que llevaron las buenas nuevas de Jesús al mundo. Como resultado, muchas iglesias fueron fundadas. *Estas iglesias eran vistas como embajadas del Reino de Dios.* En estas iglesias, los cristianos -aquellos que se habían *arrepentido de sus pecados y habían confiado en Jesús para ser salvos-* vivían en comunidad unos con otros.

Todas las cartas del Nuevo Testamento están escritas a las iglesias y pastores por los apóstoles, *para ayudarles a obedecer las enseñanzas de Jesús y vivir vidas santas en este mundo.*

RENÉ

René estaba de compras el miércoles por la noche cuando se encontró con Audrey. René y Audrey habían sido enemigas desde que eran niñas, peleaban en la escuela y desde entonces, cada vez que se encontraban, había una guerra de palabras. Una vez, terminó de manera violenta y tuvieron que llamar a la policía. René odiaba a la mujer y no había más que decir.

Aún así, René recientemente se había sentido culpable por su actitud hacia Audrey. Había estado luchando con el pensamiento de perdonar a Audrey. Luego escuchó un sermón sobre ser embajador del Rey Jesús aquí en la tierra, algo que la hizo pensar. Ella tenía que ser más como Jesús y menos como sus amigas no cristianas. Entonces, en vez de gritarle a Audrey en la tienda, la ignoró. ¡Se sintió tan orgullosa de ella misma por ser como Jesús y ser una buena embajadora!

DETENTE

Cada embajada en el mundo tiene embajadores que representan a sus países. ¿Crees que René está siendo una buena embajadora de Jesús en esta situación? ¿Qué crees que debería hacer René la próxima vez que se encuentre con Audrey?

Cada iglesia debe funcionar como testigo ante el mundo. *Las iglesias existen para llamar a todo el mundo*

al arrepentimiento de sus pecados,
a la fe en Jesús y
a someterse a su reinado.

Cada iglesia local existe para anunciar al mundo que

**el Reino de Dios está por venir y
que el Rey volverá.**

Además, debe declarar que

**hay quienes pertenecen al Reino y agradan a Dios,
y quienes no lo hacen y caerán en su ira.**

DETENTE

Cuando la gente observa tu manera de vivir, ¿que dirían de Jesús?

Cuando el Rey Jesús regrese, **aquellos que no lo hayan**
*seguido en arrepentimiento y fe,
serán arrojados al infierno por la eternidad ,
donde recibirán el castigo por su rebelión y su pecado.*
No obstante, aquellos que hayan puesto su fe en Jesús
serán hechos a su semejanza y *vivirán junto a él* en su
Reino eterno. La Biblia termina con una gloriosa visión
de este acontecimiento.

«Y oí una gran voz del cielo que decía: He aquí el
tabernáculo de Dios con los hombres, y él morará con
ellos; y ellos serán su pueblo, y Dios mismo estará con
ellos como su Dios. Enjugará Dios toda lágrima de los
ojos de ellos; y ya no habrá muerte, ni habrá más llanto,
ni clamor, ni dolor; porque las primeras cosas pasaron»
(Ap. 21:3-4).

¡Qué gran promesa nos da! ¡Que gran alivio y esperanza tenemos para la vida venidera!

EL NUEVO PACTO Y LA SUBSTITUCIÓN

En el capítulo anterior dijimos que Levítico 18:5 resume cómo funciona el antiguo pacto. *«Por tanto, guardaréis mis estatutos y mis ordenanzas, los cuales haciendo el hombre, vivirá en ellos. Yo Jehová».*

Bajo el antiguo pacto las reglas eran simples: *obedece* y *vive*, o *rebélate* y *haz frente a la justicia del Rey*. Sin embargo, la realidad del pecado es que como humanos, no somos capaces ni estamos dispuestos a cumplir nuestra parte del pacto.

Entonces era necesario otro tipo de pacto, uno que no dependiera de la obediencia del pecador.

Esto es exactamente lo que encontramos en el Nuevo Testamento. Aquí encontramos al **Rey Jesús cumpliendo todas las exigencias del antiguo pacto** y a la vez **estableciendo nuevas reglas para nosotros.**

DETENTE

Preguntas: ¿Qué tan obediente eres? ¿Siempre haces lo que te piden? ¿Siempre sigues la ley al pie de la letra?

Dios lo deja claro. La ley debe ser cumplida. No puede ser dejada de lado. **Nosotros** nunca podremos cumplir la ley completamente. *Solo Jesús puede hacer eso.*

Jesús vivió la *vida perfecta de obediencia* **que Dios requiere** para darnos la vida eterna.

Tomó sobre sí mismo *la maldición* de la Ley, *el castigo del pecado y la rebellion cuando murió en la cruz.*

Incluso, *Jesús toma el pecado de su pueblo y sufre el castigo que ellos merecían.*

Jesús fue herido bajo la la ira de Dios. En esa cruz, él sufrió la muerte que su pueblo merecía.

Jesús cumple los requisitos del antiguo pacto por nosotros, *obedecer* y *vivir, rebelarse* y *someterse a la justicia del Rey.*

Él tomó el lugar de rebeldes para someterse a la justicia del Rey, siendo obediente a Dios, y ahora, él vive. *La resurrección de Jesús es la gran prueba de que su vida y su muerte fueron aceptadas ante el Padre, y que Él ha cumplido toda la ley.*

Habiendo cumplido el antiguo pacto, Jesús establece el nuevo pacto. Este nuevo pacto requiere fe en Jesús. Las buenas nuevas son que todos aquellos que creen en él reciben no solo su justicia, sino también el regalo de la vida eterna. *El Espíritu Santo ahora da nueva vida a aquellos por quienes Jesús murió.* Recibimos un nuevo corazón que ahora odia el pecado y ama y confía en Jesús. *Además, vivimos felizmente en obediencia a Dios. Lo hacemos en agradecimiento por su gracia en Cristo.* Somos entonces bautizados en la iglesia, donde celebramos comunión con otros cristianos. Las iglesias se reúnen para recordar, juntos, la obra de Jesús por nosotros, incluido su gran sacrificio, hasta que lo veamos al morir, o cuando vuelva por nosotros.

RESUMEN

Desde el inicio, el Nuevo Testamento nos muestra claramente que Jesús es el Mesías escogido para destruir las obras del enemigo y salvar a su pueblo de sus pecados. Él cumple con cada profecía en el Antiguo Testamento, en las Escrituras que anunciaban su venida. Tal y como prometió, él trajo bendición a las naciones. Otorga gratuitamente su salvación. **¡Jesús es el verdadero Mesías!**

VERSÍCULO PARA MEMORIZAR

«Porque la paga del pecado es muerte, mas la dádiva de Dios es vida eterna en Cristo Jesús Señor nuestro» (Rom. 6:23).

¿CUÁL ES EL PUNTO?

La Biblia es relevante hoy.

CAPÍTULO 7

¿Sigue siendo relevante la Biblia hoy?

Hasta ahora, hemos dejado claro que la Biblia es 100% confiable. ¿Pero que más da? ¿Por qué debemo leerla? ¿Qué podría contener un libro antiguo, escrit hace miles de años, que sea relevante para nuestras vid en el siglo XXI?

PEDRO

«René, te repito que estás perdiendo el tiempo. E de la Biblia es anticuado y sin sentido. No sé por ¿ pasas tanto tiempo leyéndola. Sin sentido y pérd de tiempo si me lo preguntas a mí» decía Pedro, ol vando a René por encima de su periódico. *«Pues a estoy preguntando, ¿o si?»* René estaba sentada c Biblia abierta. Parecía que cada vez que ella abría la l Pedro empezaba una discusión. A veces, dudaba si tenía razón.

Igual que Pedro, muchas personas dicen que la Biblia es completamente irrelevante. Veamos dos razones por las cuales no lo es.

En primer lugar, la gente confunde *relevancia* con *popularidad*. La Biblia tiene mucho que decir en cuanto varios temas, como la vida y la muerte, la naturaleza del bien y del mal, roles de género, pureza sexual, la homosexualidad, el matrimonio y el divorcio. *El problema que muchos tienen, es que lo que la Biblia dice está en conflicto con lo que nuestra cultura moderna cree.*

Por esa razón, la gente rechaza la Biblia diciendo que es intolerante, de mente cerrada e ignorante.

En segundo lugar, muchas personas en esta sociedad creen que lo nuevo siempre es mejor. Entonces, como la Biblia es un libro antiguo, la consideran inútil para nuestros tiempos.

Analicemos estas razones con más detalle.

CONFUNDIENDO RELEVANCIA Y POPULARIDAD

ILUSTRACIÓN

Supongamos que yo sé con seguridad, que tienes una enfermedad mortal pero curable. ¿Debería quedarme con esta información o debería decírtelo para que busques atención médica? ¿Por qué sería malo que yo me quedara con esta información para no molestarte?

Obviamente, debería darte las noticias, aunque estas sean malas. ¿Serán estas noticias recibidas con gozo y felicidad? No. Me imagino que saber que tienes una enfermedad mortal no sería muy bien recibido, sería una situación incómoda, desagradable y poco popular. Aún así, sería la información más relevante e importante que podrías recibir. ¿Y si tu casa estuviera en llamas en la madrugada y odias ser despertado abruptamente? ¿Debería yo decir «sería un poco insensible y poco amable despertar a gente

*abruptamente en la madrugada, los dejaré descansar»?
No. Eso sería malvado. Debería llamar a los bomberos
e intentar salvarte la vida.*

Lo mismo es cierto de la Biblia, y lo que ella enseña.
Tiene cosas difíciles de entender para los humanos. Nos
dice que nuestro mundo está en **rebeldía** contra el Rey
del universo. Y por eso, el mundo está en grave peligro
de ser **destruido eternamente en el infierno. Pero** el
Rey ha preparado un camino para que podamos escapar
del castigo, *dejando nuestro pecado y poniendo nuestra
fe completamente en Jesús, podemos escapar del castigo de
Dios.*

Los cristianos creen que todo el mundo debe oír este
mensaje. Aunque nuestra cultura crea que lo que enseña
la Biblia es intolerante, de mente cerrada y anticuada, no
podemos quedarnos con esta información.

¿Por qué? Por que no queremos que la gente sufra
toda la eternidad en el infierno.

ILUSTRACIÓN

El famoso mago Penn Jillette, notorio ateo del dúo
de ilusionistas Penn & Teller, hace una gran pregunta.
«¿Cuánto debes odiar a una persona para no evangeli-
zar*la? ¿Cuánto tienes que odiar a una persona para creer
que la vida eterna es posible y no decirle?».*[1]

Jillete entiende el punto que intentamos explicar. *Si
la Biblia es real* (y lo es) entonces son la noticias más
importantes y **relevantes** *en el mundo, sea popular o no.*

DETENTE

*Preguntas: ¿Conoces gente que cree que la Bibia es
irrelevante en este mundo? ¿Qué les dirías ahora?*

1. https://www.thegospelcoalition.org/blogs/justin-taylor
/how-much-do-you-have-to-hate-somebody-to-not-proselytize
/ 18/12/2018

El mensaje principal de la Biblia es eterno.

Las verdades sobre el pecado, la justicia y el juicio venidero nunca han sido populares. Los seres humanos nunca han querido escuchar que son pecadores y culpables. Pero necesitan oír la verdad, sea popular o no. No decírselos sería un acto de odio.

LAS GRANDES PREGUNTAS

La Biblia no solo nos da una verdad poco popular pero eternamente relevante, sino que también aborda grandes preguntas que nos hacemos en la vida. Contiene las respuestas de Dios a estas preguntas, a las cuales de otra forma no tendríamos respuestas.

DETENTE

Preguntas: ¿Por qué estoy aquí? ¿Cuál es el objetivo de mi vida?

Esta es la pregunta más importante que nos hacemos. Si apagamos nuestras televisiones, computadoras y teléfonos, y nos sentamos en silencio pensando en el mundo donde vivimos, en algún punto llegaremos a preguntarnos, «¿Por qué?» Es probable luchemos por conseguir una respuesta significativa. La ciencia secular y la filosofía nos dicen que la vida no tiene significado ni sentido. Dicen que venimos de la nada y volveremos a la nada. Nos dicen que somos el resultado de una explosión cósmica, y que la vida es simplemente una broma cruel, un accidente, y que la muerte es el fin.

Pero en el fondo **sabemos** que la vida es
demasiado preciosa para no tener sentido.
Sabemos que el universo es
demasiado complejo para ser un accidente.
Sabemos que el mundo es
demasiado bello para no tener propósito.

Solo en la Biblia encontramos respuestas significantes a nuestras preguntas más profundas.

En el principio creó Dios los cielos y la tierra (Gn. 1:1).

La Biblia comienza con este simple hecho, este versículo significa que el universo, y todo lo que contiene, incluyéndonos a nosotros, *existe por alguna razón. Que tenemos valor y propósito,* y que estamos aquí por alguna razón. Isaías 43:7 nos dice cuál es la razón: «todos los llamados de mi nombre; para gloria mía los he creado, los formé y los hice». **Hemos sido creados para la gloria de Dios.** Quizás suene extraño pero, básicamente quiere decir que hemos sido creados para reflejar *la grandeza, la santidad, la justicia, la belleza, el amor y lo maravilloso de nuestro Creador.*

DETENTE

Si todo esto es cierto, ¿por qué hay tanto sufrimiento en el mundo?

Nada hace que nos preguntemos «¿Por qué?» más que el dolor y el sufrimiento. Algunos se preguntarán cómo un Dios bueno puede permitir el sufrimiento. *Creen que la presencia del sufrimiento significa la ausencia de Dios.* C.S. Lewis (brillante y difunto autor) dijo lo siguiente: «Hasta el placer lo podemos ignorar. Pero el dolor insiste en ser atendido. Dios nos susurra en nuestros placeres, nos habla en nuestra conciencia, pero nos grita en nuestros dolores: es su micrófono para despertar un mundo sordo».[2]

Cuando vemos el sufrimiento nos preguntamos por qué, pero sabemos en lo más profundo de nuestras

---

2. C.S. Lewis, *The Problem of Pain* [El problema del dolor], (London, Harper Collins, 2002), 91.

almas que algo está mal. Nuestro instinto nos dice que la vida no debería ser así. Cuando oímos de gente mala salirse con la suya después de llevar a cabo un mal acto, o cuando vemos en las noticias algún crimen horrendo, clamamos por la justicia, porque sabemos en lo más profundo de nosotros que el mal no debería escapar del castigo. Sentimos esto porque **hemos sido creados a la imagen de Dios.**

La Biblia nos enseña:

> *Por qué existe el sufrimiento.*
> *Que la justicia de Dios un día será cumplida.*
> *Sobre la realidad del sufrimiento eterno.*
> *Y cómo escapar del juicio de Dios por medio de la obra de Jesucristo en la cruz.*

El sufrimiento existe por la rebelión pecaminosa de la humanidad en contra de nuestro Creador. Fuimos creados con dominio sobre el mundo, pero nuestra rebelión trajo muerte y decadencia al mundo.

«Porque la creación fue sujetada a vanidad, no por su propia voluntad, sino por causa del que la sujetó en esperanza; porque también la creación misma será libertada de la esclavitud de corrupción, a la libertad gloriosa de los hijos de Dios» (Ro. 8:20-21).

Este versículo nos explica que, aunque el mundo esté roto y no como debería ser, llegará el día cuando todo será hecho nuevo, y todo será librado del poder de la decadencia y la muerte.

Cuando **Jesús regrese**, él *hará perfectos a aquellos que hayan confiado en él, él perfeccionará este mundo* y **podremos vivir con él para siempre** en un mundo lleno de *gozo* y *felicidad*.

Ese día final marcará el fin del **mal** y la **injusticia**. Todo lo que creemos que ha sido oculto saldrá a la luz, el Rey del universo será un juez justo, y su justicia permanecerá por la eternidad. En el Libro de Apocalipsis, el apóstol Juan nos muestra cómo será ese día final:

«Y vi un gran trono blanco y al que estaba sentado en él, de delante del cual huyeron la tierra y el cielo, y ningún lugar se encontró para ellos. Y vi a los muertos, grandes y pequeños, de pie ante Dios; y los libros fueron abiertos, y otro libro fue abierto, el cual es el libro de la vida; y fueron juzgados los muertos por las cosas que estaban escritas en los libros, según sus obras. Y el mar entregó los muertos que había en él; y la muerte y el Hades entregaron los muertos que había en ellos; y fueron juzgados cada uno según sus obras. Y la muerte y el Hades fueron lanzados al lago de fuego. Esta es la muerte segunda. Y el que no se halló inscrito en el libro de la vida fue lanzado al lago de fuego» (Ap. 20:11-15).

Apocalipsis 13:8 nos habla más sobre el libro de la vida. Lo describe como «el libro de la vida del Cordero que fue inmolado». En otras palabras, cualquiera que confíe en Jesús y lo siga será salvo.

El mal tiene fecha de caducidad. **Un día Jesús regresará** y ese día todo el **mal llegará a su fin;** y *aquellos que aman el mal y rechazan a Jesús serán arrojados al infierno* por toda la eternidad. ¡No hay nada más relevante en este mundo que estas noticias!

RESUMEN

La Biblia es el libro más relevante en el mundo. Solo en la Biblia encontraremos las respuestas a las preguntas más profundas de nuestras vidas. Sin embargo, la Biblia retará nuestras creencias y moralidad, pero no confundas eso con ser anticuado e irrelevante. Su verdad permanece siendo verdad generación tras generación, sea popular o no.

VERSÍCULO PARA MEMORIZAR

«Como todas las cosas que pertenecen a la vida y a la piedad nos han sido dadas por su divino poder, mediante el conocimiento de aquel que nos llamó por su gloria y excelencia» (2 P. 1:3)

¿CUÁL ES EL PUNTO?

Jesús es exaltado y debemos confiar en él para salvación.

CAPÍTULO 8

¿Cómo nos apunta la Biblia hacia Jesús?

Toda la Biblia habla de Jesús.

DETENTE

René se pregunta: «¿Cómo es eso? Jesús no aparece ni una vez en el Antiguo Testamento».

¿Que piensas? ¿Estás de acuerdo con René?

«Dios, habiendo hablado muchas veces y de muchas maneras en otro tiempo a los padres por los profetas, en estos postreros días nos ha hablado por el Hijo, a quien constituyó heredero de todo, y por quien asimismo hizo el universo; el cual, siendo el resplandor de su gloria, y la imagen misma de su sustancia, y quien sustenta todas las cosas con la palabra de su poder, habiendo efectuado la purificación de nuestros pecados por medio de sí mismo, se sentó a la diestra de la Majestad en las alturas» (He. 1:1-3).

Estos versículos de Hebreos comienzan dividiendo la historia en dos partes: **en otro tiempo** y **estos postreros días.** Una manera fácil para seguir los dos periodos de tiempo es por medio de las dos partes de la Biblia, que son el

Antiguo y Nuevo Testamento.

El autor de Hebreos comienzan el capítulo recordando a sus lectores que Dios ha estado comunicándose y revelándose a su pueblo durante miles de años. La frase «habiendo hablado muchas veces y de muchas maneras» se refiere a los diferentes libros y autores del Antiguo Testamento.

La frase, «en estos postreros días» se refiere a la segunda venida del Hijo de Dios, Jesús. Estos versículos nos dicen que *Jesús es el tema principal de toda la Biblia* y que *él es el heredero de todas las cosas*. Pasaremos el resto del capítulo meditando esto.

Jesús es el heredero de todas las cosas.

DETENTE

Pregunta: ¿Qué crees que significa la palabra «heredero»?

La frase, «*heredero de todas las cosas*» significa que Jesús, al final, es dueño de todo.

Él es el que heredará todo cuando llegue el final del tiempo.

Esto nos incluye a nosotros.

RENÉ

René dice, «Espera un segundo. ¿Jesús es mi dueño? Nadie es dueño de mi, ¡ni siquiera Pedro!» ¿Qué le dirías a René como respuesta a este comentario?

Debemos enternder que **Jesús** es

el dueño y heredero de todo y de todos los que exisitimos, existirán o hayan existido.

Pero eso no es todo.

Jesús es la revelación completa y finalizada de Dios.

«...el cual, siendo el resplandor de su gloria, y la imagen misma de su sustancia...» (He.1:3).

Al principio, este versículo quizás suene un poco extraño. Pero el autor nos está diciendo que *Jesús, el Hijo de Dios,* es la **perfecta, plena y final revelación de Dios.** *Jesús es el reflejo exacto de Dios el Padre.* Eso es lo que quiere decir el autor con «*la imagen misma de su sustancia*».

Desde el principio del libro, hemos dicho que *la Biblia existe porque Dios desea revelarse a nosotros.* Él desea que sepamos *cómo es él* y *lo que ha hecho.* Él es un Dios que *habla.* Él ha hablado *claramente* por medio de su Hijo.

Jesús, Hijo de Dios, es la **segunda persona de la Trinidad.** Se **hizo hombre** para poder **mostrarnos** a **Dios** y **salvarnos** de nuestro **pecado.**

El apóstol Juan lo explica en el capítulo 1 de su libro.

«A Dios nadie le vio jamás; el unigénito Hijo, que está en el seno del Padre, él le ha dado a conocer» (Jn. 1:18).

Si queremos saber cómo es Dios, debemos **mirar a Jesús de Nazaret.**

DETENTE

La palabra «revelación» no es muy común en nuestros días. ¿Qué crees que queremos decir cuando decimos que Jesús es la revelación completa de Dios?

Las Escrituras son claras en este hecho: *Jesús es el único salvador de pecadores.* No podemos rechazar a Dios y pensar que él nos proveerá otra forma de ser salvos de su ira. O estamos en el equipo de Jesús o estamos en su contra. *No hay un tercer camino.* Si rechazamos al Señor Jesús en nuestras vidas terrenales, él nos rechazará cuando lo conozcamos al morir.

DETENTE

*Preguntas: ¿Dónde te encuentras en cuanto al evange-
lio de Jesús? Si no confías en Jesús para el perdón de tus
pecados, ¿dónde está tu confianza?*

«Porque hay un solo Dios, y un solo mediador entre
Dios y los hombres, Jesucristo hombre, el cual se dio a sí
mismo en rescate por todos, de lo cual se dio testimonio
a su debido tiempo» (1 Ti. 2:5-6).

DETENTE

*Este es un tema serio. No hay nada más importante
en este mundo. Si no estamos junto a Jesús, estamos
destinados al infierno. Si eres cristiano, aprovecha este
momento para orar para las almas de tus familiares
y amigos.*

En el Libro de Apocalipsis, Jesús le dice a Juan, en
el capítulo 1 versículo 8, «*Yo soy el Alfa y la Omega,
principio y fin, dice el Señor, el que es y que era y que ha
de venir, el Todopoderoso*».

Pero hay algo más que debemos saber de Jesús.

JESÚS ES EL CREADOR

«...en estos postreros días nos ha hablado por el Hijo,
a quien constituyó heredero de todo, y por quien asimismo hizo el universo» (He. 1:2).

Jesús es el creador del universo. **Todo** lo que existe es
por su poder. El apóstol Juan comienza su relato del
ministerio de Jesús diciendo lo siguiente:

«En el principio era el Verbo, y el Verbo era con
Dios, y el Verbo era Dios. Este era en el principio con
Dios. Todas las cosas por él fueron hechas, y sin él nada
de lo que ha sido hecho, fue hecho» (Jn. 1:1-3).

Jesús es
nuestro diseñador,
creador y
dueño.

🅐 ILUSTRACIÓN

Pedro era el tipo de hombre que buscaba chatarra en cualquier sitio para arreglarla. Podías encontrar partes de antiguos motores y piezas de motocicletas en cualquier rincón de la casa. A René le desagradaba esto. Una noche, Pedro llegó a casa arrastrando un viejo y descompuesto *scooter*. Estaba cubierto de polvo y parecía haber estado abandonado por años. «*¡No te permitiré tener esto en casa, Pedro!*» le gritó René desde la puerta. «*Vamos René*» dijo Pedro. «*Tiene mala apariencia, ¡pero espera a que la arregle!*» René no estaba muy convencida. «*Bueno, se quedará afuera. Esto es otro gasto de dinero si me lo preguntas a mí*».

Pedro pasó un mes arreglando el *scooter* y poco a poco, empezó a tomar forma. Le dedicó todo el tiempo que tenía en dejarlo listo para salir a la calle. Estaba orgulloso.

Un día, uno de los nietos de Pedro vino corriendo por el jardín para verlo. «*¡Abuelo, abuelo! ¡Jack dice que no le pagaste suficiente por el scooter y que mandará a unos chicos a recogerlo!*». Pedro estaba furioso. Ese *scooter* era suyo. El lo reconstruyó de la nada. Restauró cada detalle de esa moto con paciencia y amor. Había dado todo por ese proyecto. Nadie se lo quitaría. Era justamente suyo.

Nos gusta pensar que somos los *dueños de nuestras vidas y destinos.* Sin embargo, **la verdad es que** *no somos nuestros dueños, pertenecemos al que nos creó.*

El Creador es el que pone las reglas para su creación. Si alguna vez nos hemos preguntado qué son todos esos mandamientos en la Biblia, son los términos y condiciones de uso que Dios nos ha dado para el universo que él creo por medio de su Hijo.

«Porque en él fueron creadas todas las cosas, las que hay en los cielos y las que hay en la tierra, visibles e invisibles; sean tronos, sean dominios, sean principados, sean potestades; todo fue creado por medio de él y para él» (Col. 1:16).

Este pasaje de Colosenses dice que *el universo,* y *todo lo que contiene* no solo fue creado por Jesús, **fue creado para Jesús.** Son *sus posesiones*, creadas para mostrar *su gloria.*

¡Pero hay más!

Jesús es el Sustentador.

«...el cual, siendo el resplandor de su gloria, y la imagen misma de su sustancia, y quien sustenta todas las cosas con la palabra de su poder, habiendo efectuado la purificación de nuestros pecados por medio de sí mismo, se sentó a la diestra de la Majestad en las alturas» (He. 1:3).

No solo es Jesús, Hijo de Dios, Creador y dueño de toda cosa, *sino también sostiene todo por medio de su poderosa palabra.*

> **DETENTE**
>
> *Piensa en esto detenidamente. Respiramos y leemos este libro porque Jesús sostiene nuestra existencia. Nuestros corazones laten porque Jesús manda que lo hagan. El sol sale y se va, la marea sube y baja, la tierra da vueltas alrededor del sol, todo porque Jesús dice que así sea.*

Jerry Bridges aclara esta idea de una hermosa manera:

Las Escrituras nos enseñan que, igual que el Hijo de Dios fue el agente de la creación y lo sostiene todo en el presente, también es él el agente de la providencia de Dios. Jesús tiene control soberano, no solo de las leyes físicas del universo, sino también de los eventos y circunstancias del universo, incluyendo lo que nos sucede a nosotros. Si tienes comida en tu alacena y nevera, esto es tanto el resultado del cuidado de Jesús sobre ti como lo fue alimentar a los cinco mil.[1]

Esta no es una verdad complicada, pero nos puede costar trabajo entenderla. **Jesús gobierna sobre** todo lo que sucede, él es el Rey soberano del universo. *No podemos hacer absolutamente nada sin él,* y esto es la verdad. Él sostiene el universo, gobernando sobre todo para la gloria de Dios y el bien de su pueblo.

RENÉ

René dice: «No se si puedo aguantar más. Ha sido tan difícil desde que Pedro perdió su trabajo. Ya estábamos estabilizándonos. Tengo tanto miedo de la seguridad social decida que hemos cometido un fraude serio y que acabemos ante un juez. Ya sé, Dios está en control de todo, pero no lo siento así. ¿Y si acabamos en la cárcel?»

DETENTE

Preguntas: ¿Cómo le mostrarias a René que Dios está en control de todos los detalles en su vida? ¿Qué le dirías si acaba ante un juez?

Hay una cosa más que deberíamos saber de Jesús.

JESÚS ES NUESTRO REDENTOR

«...el cual, siendo el resplandor de su gloria, y la imagen misma de su sustancia, y quien sustenta todas las cosas con la palabra de su poder, habiendo efectuado la purificación de nuestros pecados por medio de sí mismo, se sentó a la diestra de la Majestad en las alturas» (He.1:3).

---

1. Jerry Bridges: https://www.ligonier.org/learn/articles/providence-jesus/, consultado el 17 de diciembre de 2018.

Como hemos aprendido, nos parecemos a Adán y Eva en cuanto a la obediencia a Dios. Escogemos el **pecado, y la rebelión** sobre la **obediencia a Dios,** ignorando que él es dueño de nuestras vidas. *El resultado de nuestro pecado, es que estamos bajo la maldición justa de un Dios santo y justo.*

La paga del pecado es la muerte.

Ya que *el pecado es un crimen cometido contra un Dios de infinito valor y belleza,* ese pecado merece ser **eternamente castigado en el infierno.**

Pero hay **buenas noticias.**

Dios, en su infinita gracia y bondad, ha preparado un camino para que los pecadores sean libres del justo castigo que merecen.

Envió *a su Hijo unigénito al mundo, que nació de una virgen y aún así, no tuvo mancha a causa de nuestro pecado y estado.*

Jesús hizo por nosotros lo que por nosotros mismo no podíamos hacer.

Él cumplió con los requisitos que Dios había puesto.

Jesús vivió la vida que no vivimos nosotros.

Él **cumplió cada mandamiento de la ley a la perfección.**

«Por tanto, guardaréis mis estatutos y mis ordenanzas, los cuales haciendo el hombre, vivirá en ellos. Yo Jehová» (Lv. 18:5).

Jesús hizo esto y además, hizo algo que es verdaderamente asombroso.

En la muestra más grande de gracia y amor, Jesús fue a la cruz. Sobre esa cruz, *Jesús sufrió la muerte que todos los que creen en él merecen.* Fue herido bajo la ira de Dios. El profeta Isaías escribió estas palabras sobre la obra que Jesús llevaría a cabo:

«Todos nosotros nos descarriamos como ovejas, cada cual se apartó por su camino; mas Jehová cargó en él el pecado de todos nosotros» (Is. 53:6).

Pero, la muerte no pudo vencerlo. Al tercer día, *Jesús resucitó glorificado y victorioso sobre Satanás, el pecado y la muerte.*

Dios cumplió su palabra de que los justos vivirían. Jesús fue fiel a él y por lo tanto, ¡Él vive! Además, su resurrección es *prueba de que él es todo lo que decía ser,* y que su obra de redimir a su pueblo fue aceptada ante Dios el Padre. Fue resucitado para que nosotros pudiéramos vivir. *Todos los que confían en él para ser salvos,* un día **estarán con él y serán como él.**

Hebreos 1:3 nos dice que «habiendo efectuado la purificación de nuestros pecados por medio de sí mismo, se sentó a la diestra de la Majestad en las alturas». Ahora mismo, **Jesús está sentado en el trono celestial.** Él reina sobre todas las cosas y un día:

Regresará por su pueblo para formar su Reino perfecto

Juzgará a los que continúan en rebelión contra él

Hasta que ese día llegue, el Rey del universo **llama a todos al arrepentimiento de pecados** y a **poner su fe en él** para **vida eterna** y **victoria sobre el pecado** y **la muerte.**

Pero no termina ahí. Jesús no solo redimió a su pueblo de su pecado y la muerte, sino que también redimió a toda su creación. Así lo describe el apóstol Pablo:

«Porque el anhelo ardiente de la creación es el aguardar la manifestación de los hijos de Dios. Porque la creación fue sujetada a vanidad, no por su propia voluntad, sino por causa del que la sujetó en esperanza; porque también la creación misma será libertada de la esclavitud de corrupción, a la libertad gloriosa de los hijos de Dios» (Ro. 8:19-21).

Jesús permite que todo el universo viva trivialmente para que lo busquemos para ser salvos.

Cuando Jesús regrese, *el universo será hecho*, libre de cautiverio de la corrupción.

📖 **RESUMEN**

Toda la Biblia habla de Jesús. No solo eso, él escribió la historia. Él es Dios el Hijo, la segunda persona de la Trinidad y él creó todas las cosas, sustenta todas las cosas, redimió todas las cosas y él es heredero de todas las cosas. **Jesús es el Rey eterno del Reino eterno.** Un día, Jesús abrirá el cielo y *todo ojo le verá* y *toda rodilla se doblará ante él.* Si hemos confiado en él durante nuestro tiempo en la tierra, estaremos seguros y confiados de nuestra gloria celestial venidera.

Sin embargo, si hemos escogido ignorarlo, negarlo y vivir nuestras vidas en rebelión contra él, estamos en grave peligro. Apocalipsis 14:10-11 nos dice que todo incrédulo «será atormentado con fuego y azufre delante de los santos ángeles y del Cordero; y el humo de su tormento sube por los siglos de los siglos».

Hoy es el día para poner tu confianza en la Palabra de Dios, en el Rey Jesús. Nuestras almas dependen de ello.

🏺 **RENÉ**

En la sala de espera del cirujano, René aguarda a que el médico la llame, está ansiosa. No estaba tan preocupaba tanto como normalmente lo estaba. Se preguntaba, «resultdos anormales en estudios de sangre... ¿qué quiere decir eso?»

Antes de ser cristiana, algo así la hubiera angustiado. Hubiera estado pensando e imaginando el peor resultado. Honestamente, antes de ser cristiana, ella hubiera temido volver al médico. Pensó en contarle a Pedro el asunto, pero por alguna razón, no lo hizo. *«No hay por qué preocuparnos los dos»,* se decía ella misma, pero se preguntaba si él lo hubiera usado como pretexto para rechazar a Dios.

Todo parecía abrumador. René necesitaba que algo le diera fortaleza. Alcanzó su Biblia y buscó el devocional del día. Mientras lo leía, sentía que las palabras estaban dirigidas específicamente a ella, recordándole quien era Dios, y que Dios estaba en control, que Dios sabía lo que hacía, incluso en tiempos difíciles. Ella recuerda pararse y pensar, «*La Palabra de Dios es cierta y puedo confiar en él*». Sentía que no tenía las palabras adecuadas para orar como le hubiera gustado. Simplemente le dijo a Dios lo que pasaba por su cabeza. Mientras caían lágrimas por su rostro, ella supo que Dios era real, que su palabra era absolutamente verdadera y que fuera lo que dijera el médico, Dios estaría allí con ella en medio de todo.

Sentada, René reflexionaba sobre su versículo para memorizar, «*Antes, en todas estas cosas somos más que vencedores por medio de aquel que nos amó*» *(Ro. 8:37)*.

Renee levantó la mirada hacia la voz que llamó su nombre desde la puerta. Ella supo que no estaba sola...